ぼくは古典を読み続ける

珠玉の5冊を堪能する

立命館アジア太平洋大学（APU）学長
出口治明
DEGUCHI HARUAKI

光文社

はじめに
——古典を読めば、世界がわかる

古典の何が面白いのですか?

現代を生きる私たちの役に立つんですか?

ぼくが古典を勧めると、そう聞かれることがあります。

この本で五冊の古典を紹介するにあたって、まず古典を読む理由からお話ししましょう。

ぼくたちは、未来に何が起きるかは予測できません。自然災害もいつか起きると思っていても、いつ、どんな形で起きるかは専門家でもわからない。だけどそれに備えることはできます。これまでに何が起きて、どんなことをしたのかは調べればわかりますから。

たとえば、大きな地震が起きたときに助かった人はどんなふうに行動したのか。それを知っているだけで、実際に大きな地震が起きたときに助かる可能性が高くなります。これが古典を学ぶ意味の最初のひとつです。

昔の人たちが行ったこと、考えたことを学んでおくと生かせるときがあります。人間は同じようなことを繰り返しているからです。

古典を読めば、世界がわかる。

人間が過去に残してきた記録をしっかり読めば、世界で起きているいろんなことが理解できるというのが、古典を読む一番大きな理由です。

ふたつ目の理由は、楽しい人生になるということです。

みなさんが好きなおいしいご飯は、どうやってできるのかを考えてみてください。おいしいご飯を因数分解したら、その解はいろいろな材料を集めて、上手に料理するということになりますよね。

では楽しい人生はどうでしょうか。

これもご飯と同じで、いろいろないい材料を集めることが大事。いい材料とは何か。それは「知識」です。たとえば、投資信託を始めようとしたときに、それぞれの運用成績を知っていれば、上手に選ぶことができます。

もし証券会社のセールスの人に別の金融商品を勧められても、「これは運用成績がそれほどよくないのに勧める理由は何ですか？」と質問することもできますね。

「知識は力である」というフランシス・ベーコンの名文句の通りです。

だけどおいしい人生は知識だけでは成り立ちません。

必要なのは、考える力です。

おいしいご飯は、いい材料を集めて、上手に料理するとできあがる。それと同じで楽しい人生も知識を集めて考えることによって初めて成り立つんです。


では考える力はどうすれば身につくか。

これも料理と同じです。料理をつくるときは、最初はレシピを見て、その通りにつくります。二回目は、もうちょっとこうしてみようと自分なりに工夫しますよね。そうやってだんだん料理が上手につくれるようになります。

考える力も、まずレシピを真似することから始めるといいんです。

そのレシピにあたるのが古典で、古典に書いてあることを真似しながら考える力を鍛《きた》えればいい。

ビジネス書よりも読むのは大変かもしれませんが、やっぱりいい先生についたほうが、力がつきます。スポーツでも楽器でも、お金がもったいないと思って、友達に教えてもらってもそれほど上達しません。すごく厳しい先生だったとしても、きちんと上達するほうがいいでしょう？　古典の著者たちは、超一流の先生です。ちょっと厳しいところもあるかもしれませんが、彼らに脳を鍛えてもらったほうが、考える力はつくということはすぐわかりますよね。

そして三つ目。古典は世界中で読まれています。つまりグローバルな世界における共通テキストになる。英語ができなくても、『種の起源』を愛読書にしている人とは、きっとコミュニケーションできるでしょう。ソクラテスやプラトンも共通の話題になります。

人間のコミュニケーションは、シンプルに言えば、共通項の数で決まるんです。同じことを知っている人とは、話しやすい。人と会ったときになぜ天気の話をするかというと、共通の話題になるからです。だけどそれだけではお互いを深く理解することにはなりません。世界的に見て、最強の共通の話題はやっぱり古典です。

ぼくがロンドンに駐在していたときにはシェイクスピアが役に立ちました。日本語で読んでいるだけでもコミュニケーションの助けになった。
だから古典を読めば、世界とつながることができます。これが古典を読む三つ目の理由です。

古典は、長い年月にわたって評価されてきた本ですから面白くないはずがない。ぼくはずっとそう言い続けてきました。

これまで山ほど本は書かれてきたのですが、面白くない本、役に立たない本は残っていません。誰も残そうとはしないし、翻訳しようとしないからです。

古典は、その本が書かれた時代の背景や用語がわからないと難しいと感じることもありますが、自分で調べることはできます。それさえクリアすれば、きっと面白くなるはずです。

ぼくはこれまで古典からたくさんの知識を得ました。それがぼくの考える力のもとになっています。本書は二〇一八〜一九年に光文社で行った講義がベースになっています。講義では、光文社古典新訳文庫から『種の起源』『ソクラテスの弁明』『地底旅行』『市民政府論』『歎異抄』の五冊をぼくがセレクトして、取り上げました。また、この五冊とあわせて読んでいただきたい本も紹介しています。

この本の醍醐味は、受講生の方たちと交わした質疑応答かもしれません。課題図書に関することから、それ以外のことまで自由に質問していただきました。大変熱心な受講生の方たちで、この言葉のキャッチボールがとても楽しかった。

読み方や背景についても解説しましたから、興味をもった本はぜひご自身で手に取って読んでください。

ぼくは古典を読み続ける

目次

はじめに
――古典を読めば、世界がわかる　3

第1章

『種の起源』
ダーウィン　渡辺政隆＝訳（上・下）

――進化論はビジネスにも役に立つ　15

強いものが生き残るとは限らない　17
『種の起源』は人間社会のベースをつくっている　18
ダーウィンが教えるマーケティング理論　20
思いついたことは全部やってみよう　22
どれだけ願っても運は引き寄せられない　23
五年近い航海でひたすら観察に打ち込んだ　26
〝炎上〟を避けるための冷静な判断　28
アイデアは同じ時期に生まれる　30
■出口治明さんが選ぶ「あわせて読みたい」ブックガイド　33
■質疑応答　教えて！　出口さん　40
COLUMN 読書の愉しみ❶　53

第2章

『ソクラテスの弁明』

プラトン　納富信留＝訳

難儀なおじさんが時代を動かした

55
偉人たちが続々と誕生した知の爆発の時代　57
無知の知ではなく不知の自覚　59
ソクラテスは「難儀なおじさん」だった　61
ソクラテスは人間の内面を見ようとした　62
天才と社会の閉塞感で時代が動いた　64
「ごめんちゃい」を言わなかったソクラテスの矜持　66
アテナイ市民の理性ある態度　68
書物にして残すことで学問が育つ　70
文書を残すことに鈍感な日本　73
■出口治明さんが選ぶ「あわせて読みたい」ブックガイド　75
■質疑応答　教えて！　出口さん　81
COLUMN　読書の愉しみ②　95

第3章

『地底旅行』

ヴェルヌ　高野優＝訳

SFの未来はどうなるのか？　97

SFは科学の裏付けがあるから面白い　99
出口流、小説を読む二つのコツ　100
自然科学の知識を自由自在に使いこなす　102
『ジュラシック・パーク』×『バック・トゥ・ザ・フューチャー』　104
いくつものテーマが作品世界を豊かに　106
なぜ欧米ではSFが人気なのか　107
科学が進歩してもSFは成立するのか　109
シンギュラリティは小説世界も変えていく　110
SFのもうひとりの巨人にも注目　113
■出口治明さんが選ぶ「あわせて読みたい」ブックガイド　115
■質疑応答　教えて！　出口さん　121
COLUMN 読書の愉しみ③　133

第4章
『市民政府論』
ロック　角田安正＝訳
政府は自分たちで作るもの　135
悪い政府は取り替えればいい　137
人民が王に抵抗するイングランド　139
正しい理論によって革命は完成する　141
国家は強力であるべきだと考えたホッブズ　142
人間の世界が神から解放されるまで　144
サイエンス思考の誕生　148
ヨーロッパ革命につながったロックの思想　149
■出口治明さんが選ぶ「あわせて読みたい」ブックガイド　152
■質疑応答　教えて！　出口さん　157
COLUMN 読書の愉しみ④　175
第5章
『歎異抄』
唯円＝著　親鸞＝述　川村湊＝訳
日本人と宗教のあり方を考える　177
仏教の歴史を学ぶべき理由　179
輪廻転生、疲れませんか　181
敗れたバラモン教がヒンドゥー教に生まれ変わる　182
ヒンドゥー教が仏教の脅威に　184
ヒンドゥー教の影響を受けた仏教　186

仏教、インドを飛び出す　187
仏教が流行れば〝ゼネコン〟が儲かる!?　188
日本の寺院の武力と権力　191
国家仏教から大衆仏教へ　193
インテリはヒソヒソ話にも弱い　195
政治センス抜群の空海　197
日本に浄土教が到来　199
親鸞を有名にした弟子たち　200
当時の唐は「シリコンバレー」だった　202
鎌倉新仏教と階級史観　203
■出口治明さんが選ぶ「あわせて読みたい」ブックガイド　206
■質疑応答　教えて！　出口さん　211
COLUMN 読書の愉しみ⑤　218
おわりに——世界はつねに正しい方向に進んできた　219

第1章

『種の起源』

ダーウィン 渡辺政隆＝訳（上・下）

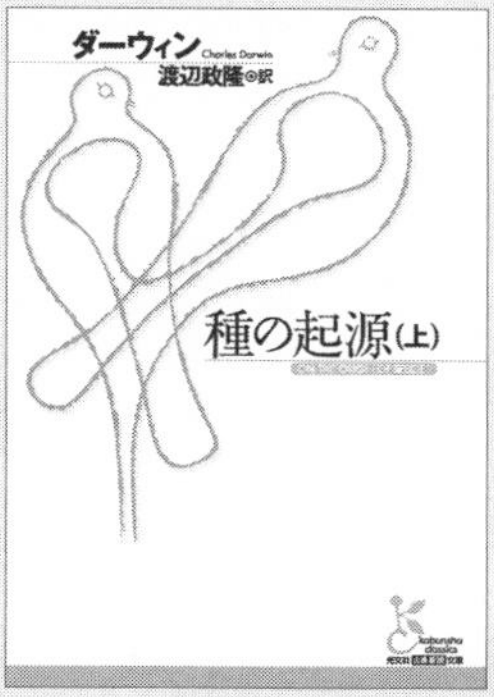

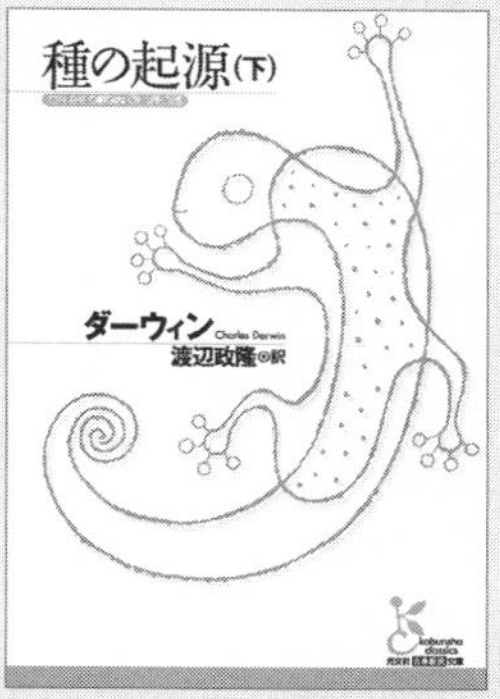

進化論はビジネスにも役に立つ

すべての生物は神が個別に創造したものだという「創造説」が幅をきかせる時代に、ダーウィンは、生物は共通の祖先から分岐し、自然淘汰によって進化したとする『種の起源』を発表した。「創造説」によれば、人間も人間以外のあらゆる動植物も地球上に誕生したときから現在のような姿をしていたはずだが、ダーウィンは、植物や動物の緻密な観察をもとに進化の歴史をひもといていく。

強いものが生き残るとは限らない

ダーウィン（一八〇九〜一八八二年）が『種の起源』を発表したのは、一六〇年以上前の一八五九年です。ダーウィンは、ものすごく丁寧に動植物の観察を積み重ねて、生物は共通の祖先から分岐して自然淘汰によって進化したという結論にたどり着きました。現在ならＤＮＡを調べれば、すべての動物が共通のＤＮＡバーコードを持っていることがわかりますが、この頃はまだ進化の法則が明らかになっていませんでした。ダーウィンは、自分自身の観察からこの結論を導き出したのです。これはまさに優れた学者の先見性と言えるでしょう。

ダーウィンはこの本の中で、生物に変異が生まれるのは、偶然によって起きた変異がたまたま優位に働くことがあるからだと繰り返し書いています。生物にとって優位に働いた変異はそのまま残って、そうでない変異は排除されます。それが「自然淘汰」です。常に変化している世界では、賢いものや、強いもの、大きいものが生き残るとは限らないのです。「こうしたら競争相手のほかの生物より優位になれるだろう」という戦略は役に立たない。それより大切なのは、運と適応ですよ、と。人間も生物ですから同じことが言えます。変化に適応できるものだけが生き残ることは歴史を見ても明白です。

ぼくは、これまでいろいろな場面でダーウィンの進化論を取り上げてきました。社会の問題も個人の悩みもダーウィンの進化論に沿って考えれば、自然と答えが出てくることが多いのです。ダーウィンというと、植物や動物の話だと思う人が多いのですが、そういう人は、人間も動物だという当たり前のことを忘れているのではないでしょうか。『種の起源』は人間社会の議論のベースになる本だとぼくは思っています。

『種の起源』は人間社会のベースをつくっている

ぼくの経験をお話ししましょう。ぼくは本が大好きですけれども、昔は『レコード芸術』（音楽之友社）という専門誌を毎月買うくらいのクラシックのフェチでもありました。その頃、家で音楽を聴こうと思ったら、多くの人はレコードをかけていました。ぼくにとってクラシックを聴くというのは、レコードを丁寧にクリーナーで拭いて、ホコリがないことを確認してから、ターンテーブルに置き、そっと針を落として耳を傾ける、という一連の動作を含めてのことでした。この針を落とす瞬間がいいんだよね、などと、いま思えば愚かなことを言っていたんです。

一九八〇年代にCDが出てきたとき、当時のぼくが何を思ったかといえば、こんなもので音楽を聴く人がいるはずがないやろう、と。あまりにも簡単に音楽を聴くことができるCDがものすごく薄っぺらに感じたんです。

ところがあっという間にCDが市場を席巻《せっけん》して、二〇〇〇年代に入る頃には、レコード市場はほとんど壊滅に近い状態でした。

そのときに思い出したのが、ダーウィンの進化論です。ぼくはCDが出てきたときに、レコードより優位になるとは思いませんでした。ダーウィンは、目の前で起きていることに適応するしかないと言っていたのに、自分の経験を優先して考えたからです。ぼくはこの本を何度も読んでいるのに、何も生かせていないと反省しました。

二〇〇〇年代に入ると、今度はストリーミングサービスが始まり、CDもかつての勢いはありません。ここ数年、レコードを聴く人が増えているそうですが、おそらく珍しいものとして楽しまれているのでしょう。こうした状況もかつては予想できなかったことです。

ダーウィンが教えるマーケティング理論

ライフネット生命をつくってからも、ダーウィンの進化論を思い出さざるを得ないできごとがありました。二〇〇八年にライフネット生命を開業したとき、パソコンで生命保険の申し込みができるサイトはつくったのですが、スマートフォン用のサイトは資料請求ができるようにしておけば十分だろうと考えて、簡易的なものをつくっただけでした。当時、スマートフォンはまだそれほど一般的ではなく、保険のような高額なものを契約するときにはパソコンを使うに決まっていると考えたからです。役員や株主のなかには、そもそもスマートフォン用の契約ページをつくるなんてお金の無駄遣いだ、と言う人もいました。

ところがやってみたらえらいちがうで、と。スマートフォンからどんどん契約が来たんです。あわててスマートフォン用のサイトをしっかりつくり直すことになりました。

ちょっと気を抜くとこうなります。生命保険の契約をするときは、パソコンを使うだろうと、自分たちで先に出口を決めていたんです。こういうのをプロダクトアウトと言います。本当にダーウィンを一〇〇%理解していたら、スマホ用もパソコン用も同じようにサイトをつくって、どちらの利用者が多いかを見てから次にどうするかを考えればいいと判断するはずです。ところがそんな思考ができなかった。ぼくが愚かだったんです。本を読んでわかったつもりになっていても、人間の固定観念は、簡単には消えないと改めて思わされたできごとでした。

ダーウィンの進化論を理解していれば、いいものが売れるのではなく、売れたものがいいものだとわかります。テクノロジーはどんどん進化し、人々の意識や社会の風習も変わっていくのです。だけどどう変わるのかは予測できません。生き延びるためには、目の前で起きている変化に適応するほかないのです。

一六〇〇年も前に書かれたダーウィンの進化論は現代のビジネスにも生かせます。だからぼくは、古典を読み続けるのです。

思いついたことは全部やってみよう

立命館アジア太平洋大学（ＡＰＵ）の学長の仕事でも進化論が役に立っています。スタッフから、「このプラン、しっかり考え抜いたので、やってもいいですか」と聞かれると、ぼくは「考え抜くのは時間の無駄やで」と答えています。学生が喜ぶかどうかはわからないので、まずやってみて喜んだら動けばいい。学生の意見も聞かず、自分らだけで議論して「これ、絶対喜ぶはずや」なんて言うてたらあかんで、と。

世の中は常に変化していて、学生も変わっています。しかもＡＰＵは学生の半分が日本以外の国や地域から来ている外国人ですから、日本人だけで考えても学生が喜ぶものをつくれるはずがないんです。それなのに、ついプロダクトアウト的な発想で、「自分たちがしっかり考えれば、いいものがつくれる」と思い込んでしまう。

ぼくがそうだったように、人間は、何が起こるかわからないということをつい忘れます。何が起こるかわからないということは、生き残るのは、目の前で起きていることに適応できたものだけだということ。だから思いついたことを全部やってみて、学生が喜んで、ワクワク、ドキドキしてくれたものを続ければいいんです。

ダーウィンの考え方は、あらゆるビジネス、日常生活に役に立つことがわかっていただけるでしょうか。いくらＡＩが進化したところで、人間も生物ですから、ダーウィンの進化論は、この先もずっと役に立ちます。

どれだけ願っても運は引き寄せられない

ダーウィンは、生物が生き残るために必要なのは運と適応だと言いました。次は運について考えましょう。みなさんは、人間社会で「運」とはどういうことを指すと思いますか。

ぼくは、「適当なタイミングで、適当な場所にいること」だと思っています。たとえば、棚から落ちてくるぼた餅を手に入れようと思ったら、どうすればいいか。どんなに調べても、いつ、どこに落ちてくるかはわからない。だとしたら対策することはできませんね。つまり落ちてくるタイミングでたまたま棚の近くにいた人が、ぼた餅を手にすることができるんです。

ビジネス書の中には、運も実力のうちだとか、運は引き寄せるものだとか、運命の女神はこういう人に微笑《ほほえ》むといったことが書いてあるものもあります。それを励ましとして受け取るのはいいのですが、その通りにすれば運がよくなると思って読むのだとしたら、読むこと自体が時間の無駄です。本気でそんなことを信じる人は、ダーウィンの進化論をまったく理解していないのではないでしょうか。人間は、いつぼた餅が落ちてくるかを予測できないのです。ただし確率論で考えたら、人生のうち何回かは落ちてくるときに居合わせます。運がいい人だけが居合わせられるのではなく、単に確率の問題です。

確率の高い人と低い人がいるのではないか。それを運と呼ぶのではないか。そう考える人もいるかもしれませんね。これはダーウィンのいう「適応」で説明がつきます。棚からぼた餅が落ちてくるときに運よく居合わせたとしましょう。だけど近くにいるのは一人ではないのです。五人、一〇人いるかもしれません。大勢の人たちがいる中で、いち早く走っていって、ぼた餅の真下で大きく口を開けた人だけがぼた餅を食べられます。これが適応です。少しわかりにくいでしょうか。

つまりこういうことです。自分の近くにぼた餅が落ちてきたとしても気がつかないことがあります。周囲をしっかりと観察していなかったら気づくことはできませんんから。じっと前だけを見ていたら後ろに落ちてくるぼた餅に気がつきませんし、キョロキョロしていると見逃がします。ここに落ちてくるはずだ、と自分の考えに固執する人も見落とす可能性が高い。たとえ気がついたとしても、そのとき二日酔いだったら身体が動きません。こういう人たちは適応していないのです。だからその場に居合わせたとしてもぼた餅を口にすることはできません。

つまり運の良し悪しではないんです。いつ何が起こるかわからないとしたら、素直な気持ちで広い視野を持つこと。さらにいつ何が起きてもなんとかできるように、自分の体調管理をしっかりすることがぼた餅を手にする最低条件になります。ぼくはずっとそういうふうに思い続けてきました。

それともうひとつ。運と適応しかないとわかれば、謙虚になります。何が起こるか人間にはわからない。運命は変えられるとか、運を左右できるという考え方は、考えようによってはものすごく傲慢《ごうまん》なんです。人間の能力を過大評価し過ぎています。人間の力なんて大したことはないのです。

五年近い航海でひたすら観察に打ち込んだ

ダーウィンの生い立ちを簡単に紹介しましょう。詳しいことは『種の起源』上巻の巻末に書かれています。

ダーウィンは、父は医師、母は製陶業ウェッジウッドの創始者の娘という裕福な家庭に生まれました。最初は医師を志《こころざ》してエディンバラ大学の医学部に入学したのですが、向いていなかったようで途中で退学。その後、ケンブリッジ大学に入学し神学を学びました。卒業後、ビーグル号の船長が、航海中の話し相手になってくれる科学者を募集していることを知り、今の日本円で五〇〇万円ほどの支度金を父親に用意してもらってビーグル号に乗り込みます。ビーグル号の航行は、南米大陸東岸の海図作成のためでした。五年近い航海では、目的の南米大陸の東岸を探索し、さらに西岸も回って、有名なガラパゴス諸島に立ち寄り、太平洋、インド洋を経由して戻ります。航海の間、ダーウィンは、各地に上陸しては標本を集め、観察日誌をつけることを欠かしませんでした。帰国後、それらをまとめた著作が『ビーグル号航海記』です。

ダーウィンは寄港する先々で生物の多様さに気がつきました。なぜこんなにも多様な生物が存在しているのか。それを考えてたどり着いたのが、変異と分岐です。生物は変異を繰り返し、分岐していくと考えました。

ダーウィンは、現地での地質調査も熱心に行い、サメの歯や絶滅種の化石、貝殻などを含んだ地層を観察したことも記録しています。これらも生物の進化を考えるのに役に立ちました。ただし化石は、自然の作用で削られたり流されたりしますから、あらゆる時代の動物や植物の姿を留《とど》めているわけではありません。動物たちの変異の過程がつぶさにわかるわけではないのです。

化石が見つからなかったとしてもダーウィンは、まったくぶれることなく、「なぜ見つからないのか」を論証し、自身の思考を深めます。これは、地質学の知識が相当ないとできないことです。ダーウィンは、生物学者であるだけではなくて、地質学にもものすごく深い見識を持っていたのでしょう。生物の起源を理解するには、生物学だけではなく、地球全体を捉えて天体の中で生命が起こっていく歴史を理解しなければならない。そういう総合的なアプローチで結論にたどり着いたのが、ダーウィンの進化論です。

〝炎上〟を避けるための冷静な判断

ダーウィンが聡明なのは、それだけ優れた学者であるにもかかわらず、しっかりと炎上対策もしているところです。ダーウィンがビーグル号に乗って航海に出た頃はキリスト教の力が絶大で、「人間」は、全知全能の神様がつくったと信じられていました。ダーウィンは、『種の起源』で動物や植物の進化については詳細に説明していますが、唯一人間については、サルから進化した、共通の先祖を持つということには触れていません。

読んでいれば、類推はできます。だけど、これだけいろいろな動物の例を挙げている中で、人間に関することは、ほのめかしているに過ぎないことから、当時の状況がよくわかります。人間がサルから進化したというようなことを不用意に発言したら、そこだけを取り上げられて、すぐに炎上すると考えたのでしょう。それでは何も伝わらなくなります。だからあえて人間のことだけは書きませんでした。

それから一六〇年以上が経過し、今ではダーウィンの正しさは誰もが知るところだと思いたいのですが、そうでもありません。アメリカには今でも中西部を中心に、神様がアダムとイヴから人類をつくったと信じている人がかなりの割合でいます。彼らは進化論を認めないんです。高校の生物の授業で、進化論を教えた先生、つまり聖書に書いてあることと異なることを教えるような先生なんてクビにしろと言い出す人もいます。こういう人々のことを「原理主義者」と言います。

日本では原理主義者といえば、イスラム教徒のことだという誤解がありますが、原理主義者、ファンダメンタリストというのは、聖書に書いてある言葉がすべて正しくて、それ以外は間違っていると主張する人々を指す、そもそもキリスト教からきた言葉なんです。

アメリカといえばグローバリゼーションの国だと思うかもしれませんが、アメリカの下院議員の半数以上はパスポートを使ったことがない、世界に行ったことがないという人たちです。彼らはアメリカしか知らないので、アメリカこそが世界だと思っています。トランプさんのような大統領が誕生したのも同じような理由で、アメリカという偉大な国にも、いろいろな事情があるのです。聖書を信じている人、つまり進化論を教えるだけでその先生をクビにしろと訴えるような人は、LGBTQと聞くだけで頭に血がのぼるだろうと理解できるでしょう。世界には、ダーウィンが生きていた時代の考え方を今なお引き継いでいる人たちがいるのです。

アイデアは同じ時期に生まれる

ダーウィンは、出版後に起きるパクリ疑惑も想定して、しっかりと対策しています。航海から戻ると、ダーウィンはまず『ビーグル号航海記』を出版し、その後、進化についての考察をまとめようとしていました。ところが同じ時期に、ウォレスという自然史学の研究者も進化について同じようなことを考えていたんです。そのことをウォレスからの手紙で知ったダーウィンは、準備していた原稿を慌てて書き上げました。それが『種の起源』です。航海から戻ったのが一八三六年で『種の起源』を出版したのは一八五九年ですから、相当な時間を費やしています。

結果、ダーウィンはウォレスよりも先に発表したわけですが、ウォレスの研究を踏みにじったわけではありません。この本のまえがきで正直に、ウォレスとのやりとりについて告白しています。ウォレスとダーウィンの間には、信頼できる研究者が入って、お互いが納得できる形で発表することができました。これはとても珍しいケースです。

歴史上、新しいアイデアが同じ時期に別の地域、別の人から生まれることはよくあります。大体はマーケティングセンスに優れた人のほうが、自分がやったと先にPRしようと論文を発表したり、特許を取ったりしてしまう。

典型的な例は電話です。ぼくは子どもの頃に、電話はグラハム・ベルが発明したと習いましたが、本当はイタリア人の貧しい学者アントニオ・メウッチが先に発明していました。ところが、メウッチは特許に申請するお金がないほどの貧しさに喘《あえ》いでいたので特許が取れなかった。だから電話といえばベルというのが常識となっていたのですが、今ではそうではなかったことが明らかになっています。何かを発見、発明すると、先に言った者勝ちになることがあるんですね。

ところが、このダーウィンとウォレスの関係はそういうことにはなりませんでした。二人とも人間的にものすごく優れた人だったのでしょう。

ダーウィンの人間性が優れていることは、自分が明らかにしたのは事実のほんの一部で、まだまだわからないことが山ほどある、と書いているところからもわかります。

ぼくは学校の先生から「知ったかぶりはあかんで」と教えられていましたが、ダーウィンのような偉い人でも、わからないことがあるんやと十代で初めて読んだときに驚きました。それでも物事を論理的に理解して、それを体系的に積み上げていけば、「ここまではわかるけど、ここからはわからない」ということがわかる。学者とはこういう考え方をする人なのだと納得しました。これは、今で言えば、ロジカル・シンキングです。

さらにダーウィンは、書き手としても優れていました。章によっては最後に「まとめ」をつけてわかりやすく論点を整理し、さらに最後の第十四章は「要約と結論」として、これまで自分が語ってきたことをダイジェストにしています。

たいていの学者は、自分がやっていることがすごいと思っており、「わからない人が悪いんや」と考えがちです。でもダーウィンは一所懸命に書きながらも、これだけだとわからない人がいるかもしれないと考えたのでしょう。自分が言いたいことをきちんと伝えたい、ちょっとでもこの考えを知ってもらおう、と丁寧に『種の起源』を書き綴《つづ》った。そういう意味では超一流の学者でありながら、サイエンスライターとしても卓越した才能を持っていたことがわかります。そういう姿勢も学べる本です。

『種の起源』は、人間的にも、学者としても、非常にすばらしい人が残したひとつの金字塔で、恐らくこの二、三〇〇年で人間社会に一番大きい影響を与えた一冊だろうとぼくは思っています。

出口治明さんが選ぶ「あわせて読みたい」ブックガイド

チャールズ・R・ダーウィン
荒俣宏＝訳
『新訳 ビーグル号航海記』（上・下巻）
平凡社

一八三一年一二月にプリマスを出港したビーグル号は、南米大陸の東岸、西岸を周り、太平洋、インド洋を経て、一八三六年一〇月にイングランドに帰港する。五年近い航海でダーウィンが発見、体験したことをまとめたのが本書。どこの土地でも動植物を丁寧に観察し、土地ごとの動物の分布の違いや種ごとの習性、動物と植物の関係、寿命の長さに影響を与える要因などについて考察を重ねている。生物学のみならずサンゴ礁や地震、化石など地質学にもとづく知見も広く、奴隷制のあり方、先住民たちの暮らしぶりなど、考察は比較文化論にも及ぶ。なおダーウィンがイングランドを出たのは、この航海が最初で最後である。

ぼくがダーウィンのことを初めて知ったのは『ビーグル号航海記』です。日本では現在『新訳 ビーグル号航海記』（平凡社）が出版されています。五年近いビーグル号の航海中、各地でダーウィンが観察したこと、気がついたことを詳細に書き記しているので、彼がなぜ進化論を展開するにいたったのか、その思考の原点がよくわかる本です。

リチャード・ドーキンス
吉成真由美＝編・訳
『進化とは何か　ドーキンス博士の特別講義』
早川書房

進化生物学者のドーキンス博士が英国王立研究所で行った講義をまとめたもの。ハリネズミもヘビも最初からデザインされたのではなく、あたかもデザインされたかのように見える「デザイノイド」物体であり、そこに行きつくまでには特別なプロセスが存在する。それがダーウィンのいう「自然淘汰」だと説明。「デザイノイド」物体としてありえない欠点も残されているのは、進化が非常にゆっくりとしたものだから。そして生物が世界に適応していくのは、祖先が学習するからではなく、偶然、幸運な変異が起きるからだと説明し、進化は、運と適応によって起きることを、多くの事例をもとにわかりやすく解説。これからの人類の進化についても自身の見解を述べている。

ダーウィンが『種の起源』を出版して一〇〇年以上経って、リチャード・ドーキンスという天才的な科学者が現れました。ぼくは、高校生のときにダーウィンの『種の起源』を岩波文庫版で読んで、三〇代になってドーキンスの『利己的な遺伝子』の初版――日本では最初『生物＝生存機械論　利己主義と利他主義の生物学』という書名でしたが――を読んで、進化論をようやく理解したのです。ドーキンスは、この『進化とは何か　ドーキンス博士の特別講義』ではダーウィンの理論について随所で触れていますから、『種の起源』の補完的な役割を果たしてくれるでしょう。

更科功
『宇宙からいかにヒトは生まれたか　偶然と必然の１３８億年史』
新潮選書

宇宙が誕生し地球が形成され、生命が誕生したのはだいたい四〇億年くらい前のこと。地球上のすべての生物はタンパク質とＤＮＡをもち、共通祖先から進化してきた。細菌は、核をもつ真核生物に、多細胞生物へと進化し、さらに膨大な時が流れ、哺乳類が誕生する。この過程で地球は何度かスノーボールアース（全球凍結）となった。過酷な状況だが、高温環境になった途端に生物は多様化した。生き残った生物にとって競争相手がいない状況だったからだ。ダーウィンが解明できなかったカンブリア爆発（生物の種が一気に増加した）、さらに恐竜の盛衰、人類の進化までを地球の歴史と重ねながらわかりやすく解説する。

人はどこから来て、どこへ行くのか――。ぼくが子どもの頃、これは永遠の問いだと言われていました。現在の学問は、地球というひとつの天体の中で生命はどのように生まれて進んでいったかをトータルで理解しようとする傾向があります。それを理解する最善の本のひとつが、この『宇宙からいかにヒトは生まれたか』。タイトルからは、偶然と必然が同じようなウエイトのように見えますが、読めば、偶然が今の地球をつくってきたのは必然だったという意味だとわかります。ダーウィンの進化論の延長線上にある、素晴らしい本です。

濱尾章二
『「おしどり夫婦」ではない鳥たち』
岩波科学ライブラリー

鳥の繁殖に関わる生態を、自身の観察や国内外の論文で提示された事例をもとに考察する。一夫一妻、一夫多妻、多夫一妻などパートナーとの関係は多様で、さらに不倫、離婚、再婚もあり、「おしどり夫婦」は虚像だと明かすが、鳥たちは少しでも多くの子孫を残そうとしているのだ。ヘビなどの捕食者がヒナを狙って巣に近づいてきたとき、鳥は大きな声を上げて撃退しようとするが、以前、自分に協力してくれた鳥の巣が襲われそうになっているときにも直ちに駆けつける。一方で、そうではない鳥の巣は助けに行かないことが観察からわかるとか。鳥たちの生存戦略もなかなかシビアだ。

この本は読みやすいだけではなく、ダーウィン、ドーキンスと連なる進化論のエッセンスが全部注ぎ込まれています。

鳥の観察から、鳥がどんな習性を持っているか、それが生存にどんなふうに役立っているかを考察していて、鳥のオスもメスもけっこう苦労してるで、ということまでわかりやすく書いてあるのです。これを読むと、なるほど、進化論ってこういうものなのかとわかると思います。

フレッド・ピアス
藤井留美＝訳
『外来種は本当に悪者か？　新しい野生　THE NEW WILD』
草思社

もともとその地域にはいなかった外来種が、必ずしもその地域の生態系に脅威を与えるわけではない。それにもかかわらず、外来種を悪者扱いする論者も多い。著者は古今東西の例をもとに、外来種が地域の生態系にどのような影響を与えたのかを紹介。アマゾン川流域に広がる熱帯雨林は何百万年も前からまったく変わっていないと思われがちだが、かつて繁栄していたと思われる都市遺構がいくつも見つかっていることからもわかるように、〝手つかずの自然〟は地球上にはほとんど残っていない。生態系のバランスは、外来種が来てもその環境に最も適したものが生存することで保たれていると著者は指摘している。

講義では、ダーウィンが『種の起源』を書いてから一六〇年以上も経っているのに、聖書をもとに「進化論」を否定する人たちの話をしましたが、それ以外にも、ダーウィンを理解してない人が多いんです。そのことがよくわかるのが、この本です。

日本にも琵琶湖にブラックバスやブルーギルなどの外来種を放流したら、琵琶湖に生息しているタナゴが全部食べられる、生態系が壊れると主張している人たちがいます。ブラックバスやブルーギルのように獰猛《どうもう》な肉食魚を放ったら、タナゴは食べられてしまうに決まっています。だから、琵琶湖のタナゴやモロコをみんなが食べたいというコンセンサスがあるんだったら、ブラックバスやブルーギルを放つのは論外です。それは法律を作って、取り締まればいい。

でも論理が飛躍して、外来種はすべて悪い、何が何でも固有の生態系を守らないといけない、という話になると、これはもうダーウィンの考えをまったく理解していないことになります。一六〇年以上前にダーウィンも書いているように、島にも鳥の糞によって植物が運ばれて、どんどん外来種が入ってきます。だから自然淘汰が起きるのです。固有の生態系は、存在し得ないというのが自然の姿で、外来種から固有の生態系を守れという発想は反自然科学だと言えます。そういう意味で、この本は問題提起としては面白いと思って、書評を書いたら、珍しくプチ炎上してしまったことがあります。ぼくは基本的に反論しないのです。いろいろな見方がありますから。だけどこのときは珍しくカッとなって書評を書き直しました。

この本を非難する人たちが、自分たちは生き物が大好きで、誰よりも生き物を愛していると言っているのはいいのです。ただ、自分たちが一所懸命やっている生態系を保護する運動に、動物や植物のことを何も知らない素人、愛していない素人が口出しするなというような論調はおかしいとぼくは思ったのです。

つまり、民主主義を理解しているのかということです。民主主義は、素人が政治を行うことです。生態系を保護する運動に、生き物を愛していない素人が口を出すのは困るという考えは、そのグループをどんどん、どんどん少数にしていき、広がりのない運動にしてしまう。そのことに気がついているのか、と言いたかった。

この本を読めば、地球上に「手つかずの自然」などどこにもないことがわかります。固有の生態系というのは、自然界にはそうそうないでしょう。現代だからではなく、本来、動物は自由に移動しますし、植物も種子や花粉は風に乗って飛んでいくとダーウィンも書いています。外来種に乗っ取られたおかげで豊かな自然が成立している土地もあるのです。

アマゾンの熱帯雨林は、何百万年前から変わっていないのではなく、旧大陸から持ち込まれた病原菌で新大陸のたくさんの住民たちが命を落としたことで森林伐採が止み、森林が復活したからだそうです。そんな例は、世界中にたくさんあります。

琵琶湖のタナゴやモロコ、フナをどうしても食べたかったら、外来種の放流を断固禁止するのもいいと思いますが、外来種は悪者で、固有のものがいいという議論とは別の話です。動物にしろ植物にしろ、固有のものなんてなく、みんないろんな場所から渡ってきたもの。そんな進化の過程について考えながら読んでいただくとよいかもしれません。

質疑応答　教えて！　出口さん

質問1　いつ何が起こっても対応できるように体調を管理するのが大事だというお話がありましたが、出口さんは体調管理にはどんなことに気をつけていますか。

出口　ぼくはもともと健康には無頓着で、基本的にはたっぷり寝て、たっぷり食べれば、人間は生きていけるという考えにもとづいて、非常に原始的な体調管理をしているだけです。出張先でも必ず朝、一時間は走りますという人もいますけど、ぼくは怠け者なので、一時間ベッドの中にいるほうが、はるかにラクで、楽しいと思ってしまいます。

だから、講演会があっても喉の調子を気にしたことはないですし、明日は朝五時に家を出ないと、七時の飛行機に間に合わないというときでも、楽しければつい飲んでしまいます。目覚まし時計を二つかけておけばなんとかなるやろうと思っていますから。楽しければそれでいい。特別なことはしない。大病を患《わずら》った今も、健康に対する基本的な考えはほとんど変わっていません。

ただしすべての仕事は一期一会だということは忘れないようにしています。講演も、大学の会議もそこに集まるメンバーやテーマは、おそらくその日だけのことです。だから、どんな場所でどんな仕事をしようとも集中して、他のことは考えないようにしています。思っていることをできるだけ素直に話して、質問を聞くときは集中する。車椅子の生活となってからも、あまり真面目なタイプではないので細かい決めごとは何もありませんが、いつもそれだけは心がけています。

質問 2

二〇万年前に人類が誕生し、運と適応で文明を築き、ここまで繁栄してきましたが、将来、テクノロジーがさらに進化しても人類は盤石《ばんじゃく》でしょうか。それとも適応できずに、人類は滅亡するのでしょうか。

出口

人類が滅亡するということはもう決まっています。ブックガイド（35ページ）で紹介した『宇宙からいかにヒトは生まれたか』を読んでいただくとわかるのですが、地球という物体における生命の歴史は五〇億年と決まっていて、もう四〇億年が過ぎ去りました。なぜあと一〇億年で生命がなくなるかといえば、太陽が膨張し始めて、地球の水分がゼロになるからです。今、地球上に生きているすべての生物は同じDNAを持っていて、ひとつの種から分かれた仲間ですが、この仲間は水がないと生きていけない。つまりあと一〇億年で、人間も含めて地球上の全生命体が滅ぶことはほぼ一〇〇％確実です。

地球の生命の歴史は五〇億年のうち、もう四〇億年、つまり八割が過ぎているわけですが、ホモ・サピエンスはまだたった二〇万年しか生きていません。あとどれだけ生きられるかは、みなさんの適応次第です。

「将来どうなりますか」という質問は、自分を横に置いています。みなさん一人ひとりの行動が世界を変えるので、「あなたはどうしますか？」と聞きたいです。地球の変化に対して、人間がどう適応するかは予想できません。だから未来予測は意味がないと考えています。

「ＡＩが進化して、仕事がなくなったらどうしよう」と心配する人もいますが、そんなことをする暇があったら、今の仕事を一所懸命やったほうがはるかに面白いでしょう。あるいは、もっとラクするためにはどうしたらいいか、もっと儲かるためにはどうしたらいいかを考えるほうがずっと生産的です。大きい方向性を考えることは大事ですけど、わからないことを考えるのは時間の無駄でしょう。

面白い仕事は全部ＡＩがやって、人間はしょうもない仕事をやらされるようになるのではないかと恐れる人もいますが、この議論はよく考えてみたら本末転倒です。ＡＩは道具ですから、人間がしたい仕事はＡＩにさせなければいいだけじゃないでしょうか。

人間がどうなるかは、みなさんがどう行動するかにかかっています。今のように、選挙に二人に一人しか行かなくて、世襲議員が五割を占めるような状況が続けば、これからの見通しは暗いかもしれません。たとえば数年前、Ｇ７の文部科学大臣のほとんどが、これからのＡＩやテクノロジーに対する考え方や、最新のＡＩと国の未来について語っているのに、当時、日本の文科大臣の下村博文さんは、明治時代に発布された教育勅語は至極まっとうだという話をしていました。

日本の国会は、日本の中で一番遅れたところだと感じます。なぜこのような人が国会議員になれるのかというと、「投票に行く人が少ないから」です。みなさんが今まで通り選挙に行かなければこの国は変わりません。第４章で『市民政府論』を取り上げる際にもお話ししようと思いますが、「未来はどうなるのか」と心配するなら、「未来は自分が変える」という発想を持たなければいけないんです。みなさんが行動すれば、世界は変わります。

質問 3

生物は生存闘争をしながら枝分かれしていったということは、人間にとって植物や動物は大先輩だと考えることができます。ところが現代は「人間のほうが上」「人間はエライ」と考える傾向にあるように思います。これって、ものすごく恥ずべきことではないでしょうか。

出口

とても大事な指摘です。たしかに一昔前は人間が万物の頂上にいると考えられていました。人間が一番上の横綱。大関ぐらいにチンパンジーとゴリラがいる。ミミズは幕下。そのように階層的に生物を理解していたのです。ところが、今はまったく違います。たとえばミミズは土の中で生きるために最高度に適応している。それぞれが最高に適応して今の生物になっていることがわかっています。だから関係性はピラミッド型ではなくフラットです。ネアンデルタール人が絶滅して、ホモ・サピエンスが生き残ったのも適者生存ですし、映画『ジュラシック・ワールド』にも登場した恐竜の中には、かわいい小鳥に進化して生き残っているものもいます。だから、おっしゃる通りです。

生物に関しては、まだ解明されていないところもたくさんあります。たとえば、クモの糸は、あの太さと長さや大きさから考えたら鋼鉄よりも強いのです。人間はクモの糸以上に強い繊維をつくることができていません。トンボのように軽々と飛べる翼もまだ発明できていない。せいぜい飛行機ですから。つまり生物から学ぶことはまだまだ無限にあるということです。それぞれの生物の間に優劣なんてありません。ぜひ36ページで紹介した『「おしどり夫婦」ではない鳥たち』を読んでください。鳥たちの世界にも生存をかけたたくさんの駆け引きがあることがわかります。

質問 4

適応した人が生き延びるということと、台風や地震などの災害では準備できている人が生き残るというのは、矛盾しているのではないでしょうか。適応した人が生き延びるのだとしたら、台風や地震など災害の準備を万全にするよりも、その場その場で状況判断できる人が生き残ることになります。何か予測して準備しても、その通りにならないとしたら、準備するのはムダだということになると思うのですが。

出口

人間は、知識や準備がなければ、その場その場で行動できない、つまり適応できないということです。ある調査によれば、東日本大震災などの大きな災害時に、助かった人と助からなかった人を分けた一番大きな要因は、避難訓練の有無だというのです。助かった人たちの多くは、避難訓練をやっていた。

人間は考えることを意識の世界でやっています。意識が人間を動かしていると思いがちですが、実はそうではないのです。意識の部分は人間の活動の一割に過ぎず、残り九割の無意識がぼくたちを動かしていると言われています。

訓練をやったことがある人は、考える前に身体が動きますが、訓練をやったことがない人は、何が起こっているかを意識で考えようとしてしまう。地鳴りがした。これは何だろうか。波が来るだろうか。そんなことを考えている間に時間をロスして命を落とすことになってしまうんです。

脳の無意識の部分をどうやって鍛えるかといえば、インプットの総量を増やすことです。よく、「身体が覚えている」と言いますよね。インプットがあるから行動ができるわけで、そういう意味で準備が大事だと言えるのではないでしょうか。ホモ・サピエンスは文明を築いてきた生物ですから、知識を蓄積できるのです。だから、学ぶことで適応行動ができるようになります。

そういう意味では、ビジネスも同じです。過去に失敗を経験した人が立ち上げたベンチャーは成功率が高い。同じ失敗を繰り返さないからです。何が起こるかはわからないのですが、地球上に起こることはだいたい似通っているので、何かが起こったときに、同じような経験があればうまく対応できるようになります。

質問5 **人生が運と適応だとしたら、計画することに意味はあるのでしょうか？**

出口 人間って怠け者ですよね。だから、計画とは要するにひとつの仕組みをつくることだと思います。

ＡＰＵの女子学生が自身のこんな経験を語ってくれました。彼女は高校時代、やりたいことがなくて、勉強にもクラブ活動にも興味が持てず、カラオケに行っても楽しくなくて、家でダラダラとテレビを見たり、ゲームをしたり、適当に落第しない程度に勉強していたそうです。大学もどこに行きたいかわからないし、親が勧めた国公立に落ちてＡＰＵに来たけれど、やっぱりやる気が出ない。

ところが寮でいつもイキイキと楽しそうにしている先輩がいて、「なんでそんなに楽しそうにしているんですか」と聞いたら、留学に行って、世界が変わったという話をしてくれたと言うんです。それで留学してみようと思って調べてみたら、APUではTOEFLで550点ぐらいないと留学制度を利用できないとわかった。彼女は紙に「550」と書いて部屋に貼って、集中して英語を勉強した結果550点が取れて、無事、留学できることになったそうです。やっぱり人生は楽しいし、いろいろ意味があることがわかったと言っていました。本当の意味での「計画」とはこういうことではないでしょうか。

MBAさえ取れば、キャリアアップができると考える人もいますよね。もちろん、この考え方を信じて頑張るのもいいのですが、ぼくは懐疑的です。傲慢にも思えてしまう。これからMBAはバリューが上がる、だからランクアップできるだろうということまで計画して行動するわけですが、そもそもどうなるかはわからない。

だからぼくがいつも言うのは、ビジネス書にあるような、「こうしたら成功する」という法則は大方、眉唾ものやでと。歴史書を読んでみいと。今、これをやりたいということをやる以外の方法はないんです。その上で立てる「計画」

とは、彼女のように自分を勉強させる仕組みとして550と書いて壁に貼って、淡々とそれに向けて実践することではないでしょうか。

質問6

進化論はともするると、悪用されることもあるのではないでしょうか。経済的に成功した人が自然淘汰を勝ち抜いてきたのは確かにそうですが、淘汰された側、負けた側に対して何か手当てをするべきではないかと思うんです。

出口

『種の起源』を読むとすぐにわかりますが、ダーウィンは、動物でも植物でも、置かれた環境の違いを考慮しなければ意味がないと言っています。

ダーウィンのいう自然淘汰は、同じ環境の中に置かれたら、適応した人が生き残るということです。おっしゃるような経済的に成功した人は、必ずしも同じ環境の集団の中で勝ち抜いたわけではないので、「自然淘汰」という言葉を使ってしまうと曲解になります。お金持ちに生まれた人が教育を受け、成功したことを正当化するだけです。そういう社会は優しくないですよね。

社会では競争条件の公平性を考えなければいけません。ダーウィンの理論から考えたら、日本がすぐにやるべきことは子どもの貧困対策です。貧困家庭に生まれたら、満足な教育が受けられなくて負の循環に入っていくことはあってはならない。

日本、アメリカ、ヨーロッパという三極の中では、ヨーロッパが最も弱者にやさしい社会だと思います。ヨーロッパの考え方は、生まれた環境で人生が変わらないように、できるだけ条件を均一化しようというもの。だからEUでは教育の無償化が進んでいますよね。

ダーウィンは「今、成功している人＝適応した人」だと言っているわけではないのです。『種の起源』では、こういうふうな結果があるけれども、これは前提条件がイコールではないと繰り返し述べています。そういう点では、方法論としても参考になると思います。

質問7

アリの集団には、働きアリと貴族アリがいるとありました。人間の組織でも、二対六対二の割合でよく働く人、普通に働く人、あまり働かない人がいると言われますが、なぜこの法則が生じるのでしょうか。そんな職場で働いているとき、どういう心がけでいればいいですか。

出口

職場で上司が大好きで自分のやりたい仕事をガンガンやれるのだったら、ほとんどの人は最初の二（よく働く人）になります。労働条件の大半は上司にかかっていますから。つまり最後の二（あまり働かない人）になるのは、たぶん上司や職場と合っていないだけなので、グローバルに考えたら辞めればいいということです。真ん中の六の人たちは、まだ合っているかどうかわからないから、様子を見ているというふうに考えてください。

社会にとって一番不幸な状態が「ユースバルジ」です。若い人がたくさんいるのに、仕事がないから稼げなくて、デートもできないという状態を指します。こういう社会では若い人の一部がやけになってテロが起こるのです。

日本は世界で一番幸せな国だとぼくは思います。団塊世代が毎年二〇〇万人退職していくのに対して、新社会人は一〇〇万人ほど。つまり構造的に労働力不足となるので、上司といくら喧嘩しても飢え死にすることはないはずです。若ければ、引く手あまたですから、こんなにラッキーなことはないでしょう。だからグローバルに考えて、自分がワクワク、ドキドキするような仕事を見つければいいのです。それだけだと思います。

以前、学長勉強会という二泊三日の研修があったのですが、すごい先生がいらっしゃいました。ある学長が、「日本の大企業が求めるような人材を養成するためには、大学が何をなすべきか」と問題提起したときに、その先生はスッと現れて「そんなことを考えるだけ無駄でしょう。ほとんどの日本の大企業は、一〇年以内になくなりますよ」とおっしゃった。座は若干白けてしまいましたが(笑)、GAFAと日本の大企業を比較してみると、そうかもしれないと思いますよね。世界はどんどん変化していますから。

あまり生真面目に、「会社に入ったら、辞めたらあかん」などといった考え方はしなくていい時代です。『置かれた場所で咲きなさい』という本がベストセラーになることがおかしい。せっかくその場所に置かれたのだから、まずは咲けるように頑張ってみるのはいいのですが、ここでは咲けないとわかったらチェンジしていい。それが適応です。咲けないのは不適応ですから、そのままとどまっても芽が出るはずがない。世界は広いので、どんどん出かけて行って自分に合う仕事、自分に合う職場を探せばいい。『種の起源』を読んだみなさんなら、わかるはずです。

Q 読書と学力や知性は関係がありますか?

出口 やっぱり本を読むと知性が発達しますよね。それは当たり前の話で、本を書いている人は、そのことに関しては知的レベルが普通の人よりも高いんです。だから本を読むのは、知的レベルの高い人と話をしていることになります。そういう人とたくさん話をすれば、自分自身の知的レベルも上がります。欧米の大学院では教師が本を指定して、読まなかったら授業についていけないようにすることがよくあるんです。そうなると学生は読まざるを得ない。そうやって大学院教育のレベルを上げています。だから一般論として、たくさん読む人は学力も高い。相関関係があると思います。でも速読で1日10冊読むと学力が高くなるかといえば、それは疑問です。やっぱり丁寧に読むことです。

Q 読書会を始めたいのですが、どういうやり方がいいですか?

出口 本を一冊選んで、参加者全員が事前に読み込んできて議論するのが一番いいでしょう。単なる本の紹介なら1人1冊ずつ持ち寄るやり方もありますが、深く考えて、お互いに理解を深めようと思ったら全員が同じ本を読む形がいい。とにかく先を急がないことです。たとえば『ソクラテスの弁明』ほど薄い本でも議論をしながら読むと、一回では終わらないでしょう。でも、それでいいんです。みんなでワイワイガヤガヤやりながら、じっくりと読んでいけばいい。そのプロセスが勉強になります。たくさん読もうとか、速く読もうとか一切考えないことです。なお、「古典読書チャンネル」という面白いYouTubeもオススメです。

第2章

『ソクラテスの弁明』

プラトン　納富信留＝訳

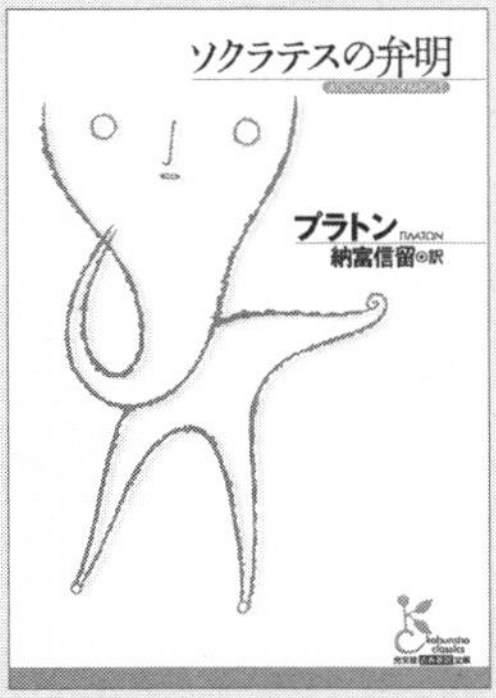

難儀なおじさんが時代を動かした

アテナイで市民と対話を交わす毎日を送っていたソクラテスは紀元前399年、70歳の時に、ギリシアの神々を冒瀆し、若者を堕落させたとして「不敬神」の罪で告発される。裁判にかけられたソクラテスは、自らの罪状への弁明を述べた後、有罪の評決を受け、刑罰をめぐる2度目の投票によって死刑が確定した。この公開裁判において、ソクラテスはどんな弁明をし、死刑判決をどのように受け止めたのか。ソクラテスの弟子、プラトンがその内容を再現する。

偉人たちが続々と誕生した知の爆発の時代

『ソクラテスの弁明』の著者は、ソクラテス（BC四六九〜BC三九九年）の弟子の一人プラトン（BC四二七〜BC三四七年）です。ソクラテスという人は、自分では何も書き残していなくて、ソクラテスのことを知りたければ、ほかの誰かが書いたものを読むしかありません。その代表的なものがこの『ソクラテスの弁明』で、プラトンが、ソクラテスが語ったように書いています。

紀元前五世紀前後のギリシアには、ソクラテスやプラトンを含めて面白い人が山ほどいました。ソクラテスの同時代人では、当時、人気のあったギリシア悲劇の作者で三大悲劇詩人と呼ばれるアイスキュロス、ソフォクレス、エウリピデス。ほかにアテナイの最盛期を築いた政治家のペリクレス、彫刻家でパルテノン神殿の再建に従事したフェイディアス、歴史家のヘロドトスなど、きら星のごとく才能のある人がたくさん現れたのです。哲学者も数多く、あとで紹介する『ギリシア哲学者列伝』には八二人が紹介されています。

これはギリシアに限ったことではなく、インドではブッダやジャイナ教を開いたマハーヴィーラも生まれていますし、中国では孔子や老子が生まれています。孔子はソクラテスよりも八十年くらい年長で、孔子とブッダ、マハーヴィラはほぼ同時代人と言ってもいいでしょう。

つまりこの時代に世界規模で知の爆発が起きたのです。当時はお互いを知ることはできませんでしたが、もし今のようにＳＮＳがあって彼らがつながっていれば、と考えたら楽しいですね。

知の爆発が起きた理由は明白です。地球が温暖期に入り、農産物がたくさん収穫できるようになりました。さらに鉄器が世界的に普及したことから、農業の生産性が上がり、世界全体の高度成長が始まったからです。そうなると富裕層が増えます。そういう富裕層が、仕事をしなくて遊んでいる人、勉強している人を養うことができたということ。地球全体が豊かになって、畑や田んぼを耕さなくてもご飯が食べられる学者のような階級が生まれた。だから学問が発達したのだと考えればいい。

ソクラテスは、この本の中で「自分は貧乏や」と言っていますが、それでも生活できたのは、勉強が好きな人は勉強していたらええで、ご飯ぐらい食べさせてあげるで、という余裕が社会にあったから。中国の諸子百家やインドの六十二見など、当時、ギリシア以外にもたくさんの思想家や学者が登場したと言われています。

無知の知ではなく不知の自覚

プラトンが書くところによれば、ソクラテスは、朝から晩までいろんなところに行っては問答をしかけていました。

ソクラテスがそんなことをするようになったきっかけは、「デルフォイの神託」です。古代ギリシアでは国事でも個人のことでも、デルフォイにある社《やしろ》で巫女ピュティアからアポロン神の意を伺う慣習がありました。

そこでカイレフォンという人物が「ソクラテスより知恵のある者が誰かいるか」と尋ねたところ「誰もいない」という託宣があったのです。

だけどソクラテス自身は、自分はそれほど賢くないと思っていました。

神は、一体何をおっしゃっているのだろう。何の謎かけをしておられるのだろう。

（30ページ）

とあります。

自分では賢いと思っていないのに、神様から一番賢いと言われた。ほんまやろかと。それは自分で考えていてもわからない。そこでソクラテスは実証を始めました。世間で賢いといわれている人のところを訪ねて問答をしかけるのです。

そうしているうちにソクラテスは、次のような考えに至りました。

私はこの人間よりは知恵がある。それは、たぶん私たちのどちらも立派で善いことを何一つ知ってはいないのだが、この人は知らないのに知っていると思っているのに対して、私のほうは、知らないので、ちょうどそのとおり、知らないと思っているのだから。

（31〜32ページ）

ソクラテスのこの言葉を日本では「無知の知」と説明することがあるのですが、この本では訳者の納富先生が、知らないと「知っている」ではなく、知らないと「思っている」と訳しています。ソクラテスはそういう慎重な言い方をしていたので、注釈でもこれは「無知の知」ではなく「不知の自覚」であると指摘しています。

ソクラテスは「難儀なおじさん」だった

ソクラテスがアテナイの人たちに問答をしかけていたのは、簡単に言えば、剣道の道場破りのようなものです。昔、剣の達人が道場に「たのもう」と入っていって勝負を挑み、勝ったら道場の看板を戦利品として持ち帰ることがありましたが、ソクラテスもそれと同じようなことをやっていた。みんな俗人ですから、今日は友だちの家へ遊びに行こうと思っているのに、ソクラテスが訪ねてきて、問答をふっかけられたらイヤでしょう。来られたほうは迷惑に違いないのですが、ソクラテスは、次から次へと道場破りを続けます。すごく難儀なおじさんなのです。

この頃、アテナイではお金をもらって弁論術などを教える「ソフィスト」と呼ばれる人たちがいました。それくらいアテナイでは議論が活発に行われていたということですが、ソフィストが教える弁論術は、劣った理論や間違った理論でも優れているように見せかける術で、「弱論を強弁する」と言われていました。詩人のアリストファネスの喜劇『雲』には、ソクラテスもそうしたソフィストとして描かれています。たしかにこの本でもソクラテスは、ソフィストと言われても仕方がないような詭弁的なテクニックを用いていることがわかります。

ただしソクラテスの場合は、相手の辻褄《つじつま》の合わないところを、ロジックをキチッと詰めて論破していますから、弱論を強弁していたわけではありませんし、自分はお金を受け取ったりはしていない、とも言っています。

だけどいきなりやってきたおじさんのロジックがあまりにも完璧で論破されてしまったら、人間やっぱりカチンと来ます。アテナイの人々から反感を買うのはわかりますよね。

ソクラテスは人間の内面を見ようとした

哲学というジャンルは、ソクラテスとプラトンによって確立されたと言えると思います。『ソクラテスの弁明』も人口に膾炙《かいしゃ》してきました。特にこの本の納富先生の訳は、光文社古典新訳文庫の「いま、息をしている言葉で。」という創刊の言葉の通り、哲学の入門書として最適です。

それではまず、哲学がソクラテスに行き着くまでの流れをお話しします。古代ギリシア哲学の祖といわれているのは、タレスです。彼はエーゲ海の東海岸、つまり現在のトルコ側にあったイオニア地方の都市ミレトスの出身で、タレスにつながる初期の哲学者を「イオニア学派」と呼びます。彼らの興味は世界にありました。世界は何でできているのかと、世界の成り立ちを知ろうとするのは自然科学の発想です。タレスは、世界の根源は何かと考え抜いて、「水」だという考えにいたります。地球の生命の根源が水であり、人体の約六割も水でできていますから、恐るべき洞察力です。ピュタゴラスは「数」、ヘラクレイトスは「火」、デモクリトスは「原子」であると考えました。そうやって世界の成り立ちを理解しようと試みたのです。彼らは自然哲学者と呼ばれています。

自然哲学者に対して、ソクラテスの何が新しかったかといえば、興味の対象を人間の内面に向けたことです。人間の心、魂——今の科学で言えば、人間の脳を知ろうとしました。ソクラテスはこれによって、哲学の世界にパラダイムシフトを起こしたんです。以降、哲学は自然科学から人文科学というジャンルに枝分かれしました。ソクラテス、あるいはプラトンが哲学の祖と呼ばれていることは、これで理解できるでしょう。

天才と社会の閉塞感で時代が動いた

ソクラテスが哲学にパラダイムシフトを起こしたのは、ソクラテスの天賦《てんぷ》の才能に加えて、当時のアテナイの閉塞感や市民が抱えていた問題意識も影響しています。アテナイが順調に発展しているときは、何も心配しなくてよかったのです。高度成長期は、何かに疑問を差し挟むこともなく、働いていればそれで満足できます。ソクラテスが道場破りをしていたのはその時期です。

その後アテナイはスパルタと戦争を始めます。ペロポネソス戦争（BC四三一～BC四〇四年）です。ずっとアテナイを率いてきた政治家のペリクレスが疫病で命を落とし、アテナイは次第に衰退へと向かいます。三〇年近く続いたペロポネソス戦争は、アテナイがスパルタに降伏して終結しました。

そうなると、市民の気持ちがすさんでいきます。「なんでこんなことになったんや」と犯人探しが始まるんです。日本でも関東大震災が起こったときに朝鮮の人々が虐殺されましたが、あのときもみんなで犯人探しをして、朝鮮の人が井戸に毒を入れたというあり得ないデマが広がってしまいました。うまくいかなくなると、社会の中でこいつらが悪いとか、あるいは他の国が悪いんやと言い出し始める。人間はスケープゴートを求めたくなる本質を持っているんです。みなさんもよくご存知だと思います。

ソクラテスが告発されたのには、このような時代背景がありました。スケープゴートを求めたアテナイ市民の一部が、ソクラテスのことを、若者たちを堕落させたとして訴えたのです。

いっぽうソクラテスの裁判での振る舞いを見ていると、ソクラテスはソクラテスで、アテナイ市民は何も知らないのにおごり高ぶっていたからこうなったのではないかと、仮説を立てて検証を始めたようにも見える。だから人を試すような弁明をしたと考えれば、辻褄が合います。

社会が閉塞するのは、いつの時代にもどこの地域にもあることですが、そこにソクラテスのような個人の特異な才能が結びつくと時代が動くことがあります。天才というのは、優れた才能があるだけではダメで、その才能が社会の大きなニーズと合わさったときに初めてケミストリーが起きるのです。

ナポレオンもそうして時代を動かしたひとりです。フランス革命というものすごいエネルギーが解き放たれたときにナポレオンのような天才が登場して、ネーションステート（国民国家）という概念が生まれました。ナポレオンが登場するまで、フランス人には自分たちはフランス国民だという意識はなかったんです。せいぜい自分たちが住んでいる地域、たとえばブルターニュやノルマンディーの住民だという感覚しかもっていませんでした。ナポレオンはそんなフランスをワンチームにまとめて、対仏大同盟に対抗したのです。

その後、ほかの国もフランスにならって、ネーションステートをつくり上げるようになりました。明治政府も同じです。江戸時代、日本人は自分たちが日本人だとは思っていなかったでしょう。意識にあったのは、日本ではなく藩でしたから。

「ごめんちゃい」を言わなかったソクラテスの矜持《きょうじ》

ソクラテスの裁判には、陪審員が五〇一人集まりました。そこで弁明の機会が与えられたソクラテスはまず自分の悪評の根源は何なのかを説明します。普通の人なら家族を連れてきて、「私には大切な家族がいるんです。彼らを残して死ねません！」とか泣き落としするようなところです。ところがソクラテスは、大切なのはロジックやと、自分を告発した人たちの非を指摘するのです。かわいげがまったくない（笑）。

ぼくが会社員だった頃、同僚に面白い人がいました。ガンガン好き勝手なことを言うのですが、矛盾を指摘されると、突然ニッコリ笑って、「そこまで考えていませんでした。ごめんちゃい！」と言うのです。そしたらみんな、彼がとんでもないことを言っていたのも忘れて、こいつはええ奴や、となります。そんな例が、みなさんの周りにもないでしょうか。

ロジックで詰めても、だいたい勝ったと思うところで「飲みに行きましょうか。実はずっとあなたと飲みに行きたかったんです。誘うきっかけがなかったので、今になってしまいました」と言ってみると、相手も「そうか。お前、なかなかええ奴やな。じゃあ、お前の提案、通したろか」となるのは会社でもよくあるでしょう。あるところで矛《ほこ》を収めてかわいく振る舞うことで、壁が突破できるのです。

ところがソクラテスはそれをしません。以前から難儀なおっさんやと思われていましたから評決はどうなるかといえば……わかりますよね？　ロジックは正しくても「ごめんちゃい」のひと言もなく傲然としていれば、誰も助けてやろうとは思わない。

やはり人間は論理的ではないんです。この本を読めば、それがよくわかります。今でも人間は変わっていません。

ソクラテスもそのことは十分、わかっていたと思いますが、ここで態度を変えては問題提起にならないし、自分が哲学者としてやってきたことを否定することになると考えたのではないでしょうか。「そんなことで判断していいのですか。あなた方の理性はどこにあるのですか」という問いかけを際立たせるために、こういう作戦をとったのだと思います。もう七〇歳やし、やりたいことはやったし、こんなところでかわいくして生きながらえてもしょうがないという割り切りがあったのかもしれません。自分が七〇年かけてやってきたことを、「ごめんちゃい」のひと言で、帳消しにしてええのかと。

アテナイ市民の理性ある態度

かくしてソクラテスは有罪になりました。だけど陪審員が五〇一人いて、二八一対二二〇でしたから、アテナイの人たちって、なかなかだと思いませんか？　ソクラテスは敢えて挑発するような態度をとったのに、これだけの僅差だったということは、当時のアテナイの人々の理性の高さを物語っていると考えることができます。今、SNSでこんなことをやったらどうなるか。もっと票差が開くのではないでしょうか。

有罪が決まると、次はどんな刑罰にするかを決めます。これが本書の「第二部 刑罰への提案」です。告発した人たちは、こんな難儀なおっさんは当然、死刑にすべしと考えていました。これに対してソクラテスは刑罰を提案する機会が与えられるのです。自分にふさわしい刑を自分で考えろと。

だいたい常識的な発想では、死刑が求刑されているなら、禁錮二〇年ぐらいでどうですかとか、無期懲役でもいいから命だけは助けてくださいといったことを提案しそうなものですが、ソクラテスは違います。「豪華な晩ご飯がほしい」と言うのです。迷惑したと怒っている人が大勢いるのに、ただでご馳走を食べさせてくれと言われたら、誰だってカチンと来ます。こういうふうに挑発されると、人間は感情に流されるのです。ソクラテスはそのこともわかっていて敢えてそうしたのでしょう。

書物にして残すことで学問が育つ

こういう生き方をしたソクラテスが社会に大きなインパクトを与え続けたのは、プラトンの書いたものが残っていたからです。かねてから『ソクラテスの弁明』は、ソクラテスが本当に行動した通りに書いているのかという疑問を呈する人はいます。本書においても納富先生は、「ソクラテスより知恵のある者はいない」という「デルフォイの神託」は、プラトンの全著作のなかでも『ソクラテスの弁明』と、それを参考に書かれた本以外で言及されていないので、プラトンがソクラテスに仮託して、自らの思想を語っている可能性もあると解説しています。つまり、ある程度、脚色した可能性もあるということです。先にお話しした通り、ソクラテス自身は何も書き残していませんから、どこまでが史実なのかを判断するのは難しい。

いずれにせよ、プラトンが書いたものが残されていたこと自体が奇跡です。先に述べたように、知の爆発はインドでも中国でも起きたのですが、インドでは椰子《やし》の葉に記録したのであっという間に腐ってしまい、後世に残すことができませんでした。中国では竹簡や木簡に書いていましたのである程度は残っていますが、パピルス（草から作られた一種の紙）や羊皮紙に記録していたギリシアも残っています。

ギリシアのなかでもプラトンが書いたものが残されていたのは、学園を創立したからです。アカデメイアという学園で、紀元前三八七年にプラトンが創立し、約九〇〇年続きました。プラトンの著作はアカデメイアにおいて大きな財産となり、大切に保管されていたんです。プラトンの著作を読むことができるから、学生は高い授業料を払ってでもこの学園で学びたいと思いますよね。

同じように、アリストテレスの書いたものもすべて残っています。アリストテレスも自分の師であったプラトンを見習ったのです。彼はリュケイオンという学園をつくりました。組織をつくれば長続きするという発想です。だからプラトンとアリストテレスの著作は今も世界中で翻訳して出版することができます。古代の学者で、自分で学校をつくったのはこの二人だけです。

二人は独特な執筆スタイルで書物を残しました。プラトンは『ソクラテスの弁明』を読めばわかるように対話形式で書いています。対話というのは、問題を提起すればいいのです。だから森羅万象を盛り込めます。二〇世紀を代表する哲学者のホワイトヘッドが著書『過程と実在』の中で「西洋のすべての哲学は、プラトン哲学への脚注にすぎない」と述べたのは、哲学の問題提起は全部、プラトンが行っていて、プラトン以降の哲学者は、その解釈を延々と続けているだけやで、ということです。

プラトンの弟子、アリストテレスは大学の講義のために書いたものを残しました。先ほど、ソクラテスとプラトンによって、哲学は自然科学から人文科学に枝分かれしたとお話ししましたが、アリストテレスは、自然科学に根ざしています。観察してわかったことを体系的に書いているからわかりやすい。いっぽうのプラトンの問題提起には飛躍があります。言っていることはよくわからなくても、なんとなくカッコいいと感じる人が多いかもしれない。ルネサンス期の画家ラファエロの『アテナイの学堂』には、天を指すプラトンと、地を指すアリストテレスが描かれています。観念論のプラトンと経験主義のアリストテレス。この二人の違いは、そのように理解することができます。

いずれにせよ、ソクラテスとプラトン、それからアリストテレスが西洋の哲学の頂上に位置することになったのは、著作が保管されていたことが大きく関係していま す。だから彼らの哲学を研究しようとする人があとを絶ちませんでした。書物として残すことで学問は育つのです。

文書を残すことに鈍感な日本

日本は、実はこの「残すこと」にものすごく鈍感な国です。最近（二〇二二年）も、裁判所の記録が廃棄されていたことが大問題になりました。一番わかりやすいのは、一九四五年八月一五日、天皇陛下が戦争を止めるといったあと、陸軍や海軍は何をしたか。知っていますか？　ひたすら機密書類を持ち出して、焼き払ったのです。アメリカ軍に「おまえ、悪いことをしたやろう」と責められたらどうしようと考えたからです。

だから極東国際軍事裁判でも証拠となる書類がほとんどありませんでした。このことが象徴しているのは、「後世の人に評価を委ねる」という発想がないということです。

アメリカの大統領は辞めたら回顧録を書きます。ヒラリー・クリントンは大統領になれなかったけれど回顧録を書きました。これを当時の新聞は「最後のひと稼ぎ」などと書き立てましたが、なぜ書いたかというと、自分がやったことを五〇年後、一〇〇年後の人に判断してほしいという気持ちがあるからです。だからデタラメは書かない、書けないんです。公人ですからそんなことをしてもすぐにバレます。演説した内容も、録音している人やメモをとっている人がいますから正確に書かないと恥をかきます。欧米のリーダーはそうやってほとんどの人が記録を残す。

日本はどうでしょう。ほとんどの政治家はそういうことをしません。これは社会にとっての損失です。リーダーが記録を残さないということは、どういう意思決定をして、どういうことをやったかが残らないということ。歴史に学ぶことができなくなるのです。

そういう意味では、二〇一八年に日本銀行の白川方明《まさあき》前総裁が出した『中央銀行 セントラルバンカーの経験した39年』（東洋経済新報社）は、日本の公人による初めての本格的な回顧録ではないかと思います。自分がやったことのみをできるだけ正確に残そうとしていて、これが伝統になれば素晴らしいでしょう。

繰り返しますが、記録を残すということは、リーダーが歴史の審判をどれくらい意識しているかということ。プラトンやアリストテレスは、矛盾していたら愚かやと言われる可能性もあったのに、全部残そうとしました。だから学問として確立した。古典を読み続けると、そのようなこともよくわかります。

出口治明さんが選ぶ「あわせて読みたい」ブックガイド

ディオゲネス・ラエルティオス
加来彰俊＝訳
『ギリシア哲学者列伝』（上・中・下巻）
岩波文庫

タレス（BC六二四年頃〜BC五四六年頃）からエピクロス（BC三四一〜BC二七〇年）まで古代ギリシアの哲学者八二人の生涯とその学説をまとめたもの。哲学者に関する豊富なエピソードからはそれぞれの人となりが思い浮かぶ。序章ではギリシアで哲学がどのように生まれ発展してきたかを解説。ソクラテスは頑強で戦地に赴いた際も泰然としていたことや、物欲や金銭欲に乏しかった様子のほか、多くの言行を紹介。プラトンは若い頃から文章表現が豊かで詩作に励んでいたこと、禁欲的であまり社交的ではなかった様子がうかがえる。ソクラテスとプラトンは、上巻に登場。ソクラテスの弟子クセノポン（上巻）や、プラトンの弟子アリストテレス（中巻）、ピュタゴラス（下巻）も取り上げられている。

この時代のギリシアには面白い人が山ほどいたという話をしましたが、この本にはその人たちのエピソードがまとまっています。講義でもお話ししたタレスは天文学にも通じていました。星を観察しながら歩いていて穴に落ちてしまった時、そばにいた老婆に「足もとにあるものさえ見えないのに、天上にあるものを見ることができるのですか？」と言われたというエピソードも出てきます。タレスがそれほど浮世離れした人だと言いたかったのかもしれません。だけど、単に穴から天を観察していたのではないか、という人もいるんです。穴の中から天を見たら、星が動いているのがわかりますから。

暇な時間ができて、何か面白いことないかなと思った時はこれを読んでください。どのページを開いても、こんな変な人いたんや、面白いなと思いますし、会社の中で似た人を探してやろうと思いながら読むともっと面白いです。

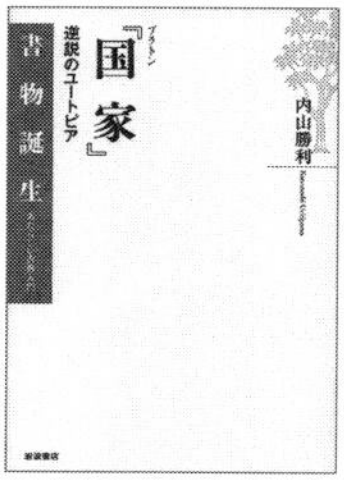

内山勝利
『プラトン『国家』逆説のユートピア
書物誕生　あたらしい古典入門』
岩波書店

『国家』を解説するにあたり、著者はまずプラトンの生涯を紹介。名家の出身で政治家を志していたが、愚直なまでに自分の正しいと思うことを貫くソクラテスの姿に感銘を受けて弟子となる。その後ソクラテスの死に大きな衝撃を受けたことから、彼の興味は「正しい政治のあり方」へと向かう。『国家』はソクラテスを主人公とした問答形式で、「正義というのは、人間としての善さ（徳）のひとつ」とするソクラテスに対して、「〈正しいこと〉とは、強い者の利益にほかならない」と主張するトラシュマコスが登場。ソクラテスは、トラシュマコスとの対話を重ねた後、国家のあり方や政治家の資質へと議論をつなげていく。女性に参政権がなく教育も受けられなかった時代に、男女役割の同等性について述べている点にも注目。

この「書物誕生　あたらしい古典入門」シリーズは、古典を解説する本で二十冊以上出ています。古典が難しいと思われがちなのは、時代背景がわからないからです。この本では、プラトン『国家』がどういう時代背景のもとで書かれたかをしっかり解説しています。

『クルアーン』というイスラム教の聖典には、一人の男性が奥さんを四人持っていいと書いてあります。現代日本の常識で考えたら、ハーレムやないか、とんでもないことやと思いがちですが、同シリーズの『『クルアーン』語りかけるイスラーム』（小杉泰）では、当時のウンマ、イスラム教共同体がどういう状況だったかが書いてあります。敵が攻めてきてどんどん兵士が死んで、残された奥さんはどうするか。そこでムハンマドは順番に彼女たちを娶《めと》るんです。一緒に戦って死んだ仲間の遺族の面倒は自分が見るということです。女性の側からすれば、旦那が戦争で死んでも飢え死にすることはないとわかります。だから共同体の結束が強まるわけです。

そういう背景がわかれば、妻は四人まで持ってええでというのにも理由があるのだとわかります。このシリーズは、いま日本で手に入る古典を真面目に読んでみようという人にとってはベストの一冊かもしれません。

デカルト
谷川多佳子＝訳
『方法序説』
岩波文庫

幼い頃から「小さな哲学者」と呼ばれ、数学も得意としていたデカルトが理性を正しく導き、学問において真理を探求するための方法を説いた著作。理性は、人間を人間たらしめるものだが、うまく生かさなくていけない。そのためにはどうすればいいのか。デカルトは自らの実践を通じて研究を続ける。そこでわかったのは、運命よりも自分に打ち克つこと、自分の欲望を変えるよう努めることの重要性だった。そうすれば不運な出来事があっても残念だとは思わなくなる。人が真理に到達することは容易ではないが、それならなぜわたしはわたしであるのか。そうした考察から「わたしは考える、ゆえにわたしは存在する（ワレ惟ウ、故ニワレ在リ）」を導き出す。

『ソクラテスの弁明』を読んで面白いと思ったら、あるいは哲学に興味を持って、いろいろなものごとを考えるって楽しいなと思ったら、次に読んでほしいのは、この本です。なぜいいかといえば、まず薄い（笑）。薄いけれどもものすごく深く考えて書かれています。そして算数が好きな人だったので、内容がものすごくロジカルなんです。ロジカル・シンキングに関するビジネス書もいっぱいありますが、本質を勉強したければこの本を読んだほうが面白いでしょう。どこかで一度は聞いたことがある「我思う故に我あり」という名文句が出ている本です。

吉野源三郎
『君たちはどう生きるか』
岩波文庫

中学二年生のコペル君と、お母さんの弟で大学を出て間もない法学士の叔父さんとが、生きていくなかでの疑問や葛藤について語り合う。地球が宇宙の中心であり天が動いていると考えるのか、広い宇宙の中の天体の一つに過ぎないと考えるのか。それはすなわち人間の存在、自分自身の身の置き方にもつながる考え方であることを、叔父さんはコペル君に告げる。正義とはどうあるべきか。勇気とは何か。過ちを犯し自らを責めるしかない時、どう立ち直ればいいのか。感謝することは、「お礼をいうだけの値打がある」からではなく「めったにあることじゃあない」、つまり偶然に感謝するという意味だ。そんな対話の繰り返しのなかで、まさに「どう生きるか」を問いかけている。

漫画にもなって、日本で哲学に関係する本としては一番売れた本でしょう。一九三七年に出た本がなぜ今も売れ続けるのか。やっぱり日本ってまだまだ救いがあるな、希望がいっぱいあるな、と思います。しっかりした本は時代を超えるのです。みなさんが哲学に興味を持てば、つまり生きるとはどういうことか考えてみようと思ったら、この本を読んでみてください。主人公のコペル君は、自分がどう生きるべきかをかなり具体的に考えています。中学生、高校生に向けて書かれた本ですが、大人が読んでも十分、楽しめます。

小坂井敏晶
『社会心理学講義　〈閉ざされた社会〉と〈開かれた社会〉』
筑摩書房

フランス国立社会科学高等研究院を卒業した著者は、学問においても政治においても「中立」という立場は存在せず、客観性とは、主観性の絶え間ない相対化の努力に支えられると説明。学問で最も重要なことは新しい知識の蓄積ではなく、当たり前だと普段信じて疑わない常識の見直しだと断言する。それをどれだけ自覚的に行えるのか。人間の行動を律するのは、意識ではない。そもそも意識は社会のあり方に応じて形成されるものだから。社会にも普遍的価値は存在しない。だとすれば、人間の行動をどのように説明すればいいのか。多くの実験データや文献を引用しつつ解説する。

ソクラテスは何をしたのか。結局のところ、アテナイの人々の心を揺さぶったわけです。君は何を知っているのかと、彼らの常識を壊した、価値観をひっくり返したのです。この本も私たちの価値観をひっくり返す鋭い本だと思います。みなさんにとってびっくりするような言葉がたくさんちりばめられています。真理なんてどこにもあらへんとか、正しい社会の形はいつになってもわからへんとか。犯罪というのは正常な社会現象やで、とも言っています。

ぼくたちは、真理は頑張れば見つかると思っていますし、犯罪をけしからんと思っていますよね。だからこの本は、みなさんの心を揺さぶります。今まで自分が考えていた社会常識がいかに脆《もろ》かったのかということがすぐにわかるでしょう。
そういう意味では、いま生きている日本人で、一番ソクラテスに近いのは小坂井《こざかい》先生かもしれません。それぐらい面白い本です。

質疑応答　教えて！　出口さん

質問1　アテナイの人たちがソクラテスの話を理解できたのがすごいと思いました。市民の知的レベルがかなり高かったのですか？

出口　アテナイは今で言えば、富裕層のクラブみたいなところです。たとえば資産が、今の日本でいうと五〇〇〇万円以上あるような人たちが集まっていました。だからそれなりに勉強もしていて知的レベルが高いのです。
普通に考えれば、いきなりソクラテスが家に来て議論をふっかけられたらイヤでしょう？　会社で夜の八時九時まで上司にこき使われて、帰ってきたらソクラテスがやってくる。普通、断りますよね。でも彼らは、ソクラテスが来ると、ちゃんとご飯を出したりしていました。それくらいの余裕があったから、対話ができたと考えたらわかりやすいです。

いっぽうでアテナイでは、女性の参政権は認められていませんでした。奴隷や外国人もそうです。アテナイは民主主義が生まれた都市と言われることがありますが、現代の感覚でいえば、不十分であったということも覚えておいてください。

質問 2

ソクラテスは「ソクラテスより知恵のある者はいない」という「デルフォイの神託」を信じたわけですよね。つまりアポロンという神の知に対しては全幅の信頼を置いています。これは絶対的な信じるものがあった中で哲学をしていたということでしょうか。現代は絶対的に信じられる存在を持たない人が多いので、大きな悩みを抱えてしまうのではないでしょうか。

出口

ソクラテスは「デルフォイの神託」を前提にして思想のロジックを組み立てているのですが、アポロン神がいかに素晴らしいかということは一切述べていいません。だからソクラテスの方法論は、ソクラテスが神を信じているかどうかとは関係がないんです。単に人間が何かを考えるときには、前提が必要だということを示しただけですから、神のように絶対的に信じられる存在がなくても大丈夫です。

参考になるのは、エマニュエル・マクロン『革命　仏大統領マクロンの思想と政策』（ポプラ社）です。これはマクロンが大統領になる前に書いた本で、見事なロジックを展開します。

彼は、まず「フランスの文化を守りたい」と言うのです。みなさんもわかると思いますが「日本の文化を守りたい」と言われて反対する人はほとんどいませんね。そのあとに、フランス語を母語とする人間がフランスの歴史と文化を引き継いでいくのだと続けます。フランス語を母語として話す人が文化の担い手だと定義するのです。つまり、国籍や皮膚の色は関係なくフランス語を母語とする人はすべてフランス人であると。見事なロジックです。文化は言葉だということ。あとからフランス語を覚えた人はフランス人とは言えない。日本人が大学でフランス語を勉強しても、思考するのは日本語ですから、フランス文化の担い手にはならないということです。

マクロンはフランス人を定義して、次に国家を定義しました。国家とはプロジェクトであると。何を目的とするプロジェクトか。さまざまな制約から人々を解放することです。これで国家の定義ができました。フランス人はフランス語を母語とする人間であり、フランスという国家は、フランス人をさまざまな制約から解放するプロジェクトである。そうして彼は、大統領としての自分の政策や理念を組み立てていくのです。

政治家は結果がすべてなので、マクロン大統領が立派な政治家かどうかは時間が経《た》たなければわかりませんが、この本を丁寧に読んだら、思想家として超一流だとわかります。ぜひ読んでみてください。

質問3

ソクラテスはわりとあっさり死んでいきましたが、同時代の孔子は、危なくなったら逃げて、また帰ってきます。孔子のほうが執念深いのでしょうか。

出口

孔子の教えを弟子が記録した『論語』に、「五十にして天命を知る」とありますが、孔子は政治家になりたくて、五十歳を過ぎてからいろいろな国に自分を売り込みに行きました。彼は少し誇大妄想のようなところがあって、「自分は神様から、総理大臣になって一国を率いるよう命令を受けた」と思っていたんです。だけどその国の総理大臣が、自分のポストを狙うような人を歓迎するはずがありませんよね。だから時には、命を狙われることもありました。なかなかうまくいかなかったんです。

それで七十歳になって政治家になることを諦めて故郷に戻り、弁論術のようなことを教えて余生を過ごしました。政治家になりたかったけどダメやった。まあ、しょうがないなということで、思想家になった。ソクラテスと比べて執念深いかどうかはわかりませんが、孔子の人生は、そう理解すればいいと思います。

孔子を神格化したのは、孔子の弟子たちです。自分が習った先生を神格化すればするほど、そんな立派な先生に学んだのかとなって、自分たちにもハクがつきますから。

質問4

ソクラテスは、自分は知らないことを自覚している。それが知者であると言っていますが、ビジネスにおいては、自分は何も知らないからとすべてを謙虚に受け止めていると、意思決定をするのが難しいと思うのです。出口さんも

トップとして、これまでたくさんの意思決定をしてきたと思うのですが、知らないことを自覚していることと、ビジネス上の意思決定にどのように折り合いをつけていたのでしょうか。

出口

簡単に言えば、だから仕事にはルールがあるのです。会社には、会社法や定款、就業規則、職務権限規定などがありますよね。そのルールに従って判断すれば、仕事はめちゃ楽です。それでも迷うようなら権限がある人に決めてくださいと投げればいいのです。それもルールで決まっています。議論をして五〇対五〇なら、組織のトップや社長が決める。だからトップはわからないことを決めるのが仕事だといわれるのです。トップは投げる人がいませんが、トップにならない限り、仕事ってめちゃ楽ですよ（笑）。グローバル企業がなぜ生産性が高いかといえば、そういうルールを業務マニュアルにしっかり落とし込んでいるからです。

もちろんビジネスでは、ルールのない意思決定をしなくてはいけない場面もあります。A案とB案どちらがええか、というようなケースです。だけど実際に迷うことはほとんどないと思います。数字、ファクト、ロジックで分析すれば、どちらがいいかわかるのです。現に国会でもほとんどの法律は、共産党も含めて、みんな賛成しているでしょう。トップは信念をもって、部下に「ついてこい」と言うのがいいマネジメントだといわれることもありますよね。でも、ほとんどの案件は、数字、ファクト、ロジックで詰めたら何が正しいかは明白ですから、間違った選択をしてついてこいと言っても、誰もついてきません。

仕事には「儲ける」という、ものすごく明確な目的があります。そのためにどうすればいいのかということだけなので、人間がやっていることの中で一番楽な部類でしょう。仕事に比べれば恋愛のほうがはるかに難しい。ルールがないですから。そういうときは自分で決断をしなければいけない。そういうふうに考えたらいいのではないでしょうか。

質問 5

古典を読み慣れないので、先にインターネットのネタバレサイトみたいなところで、「こういうことが書いてある」「ここが肝である」というようなものを読んでから本を読むのですが、こんな読み方は邪道でしょうか。

出口

別にいいのではないでしょうか。ネタバレサイトをまともにしたのが、先ほど紹介した「書物誕生　あたらしい古典入門」シリーズやこの本だと言うこともできます（笑）。古典を読むなら時代背景を知っておいたほうがはるかに理解しやすいのです。特にこの本の訳者、納富先生は教育者として非常に優れていて、解説も見事です。この本はつくりとしてもすごくよくできています。だからこの本を読むなら、インターネットのネタバレサイトを見る必要はないかもしれませんね。

漫画『キングダム』（集英社）は秦の始皇帝の物語で、ぼくも大好きです。この前『キングダム』が好きだという人たちと話をしたら、何人かは中国の古典を集めた『新釈漢文大系』（明治書院）の中から『史記』を読み始めたと言っていました。漫画で面白いと思ったら、やっぱり本物が読みたくなります。そもそも作者の原泰久《やすひさ》さん自身が『史記』をボロボロになるまで読み込んで描いたものです。だからどんなふうに読み始めてもいいと思います。面白くなったら、やっぱり本物に行きたくなりますから。

質問 6

哲学者の思想は社会にいい影響を与えているのでしょうか。

出口　ぼくはいつも言っていますけど、人間の学びは人・本・旅ですよね。いろいろな人から学び、本から学び、自分で旅して学ぶことに尽きます。

それでは哲学者の功績は何かといえば、人間は考えることがすべてであると提起したことです。世界の人たちが議論するときに、数字とファクトだけを並べても結論を出すことは難しい。それをもとにどう考えるかがロジックです。哲学者は、大切なのはロジックやで、と伝えたのです。そういう意味で哲学者は、人類の文明にとってものすごく大きな功績を残しています。

質問7　**アテナイでは、社会に余裕がある中で民主主義が成り立ったという話がありましたよね。現代において、アメリカのトランプ政権を支持したのは社会で割を食ってきた人たちで、民主主義的な手続きを無視するような場面もあったように思いました。これから民主主義を維持していくために、何が鍵になるでしょうか。**

出口　人々が行動することです。行動しなければ、つまり言うだけではダメだということ。アメリカでトランプさんが再選されなかったのは、人々が行動したからです。

日本の政府もかなりめちゃくちゃなことをやっているのですが、デモはそれほど多くはないですし、情熱を持った若い人が選挙に出ることもあまりありません。SNSでも何でもいいのですが、おかしいことはおかしい、真っ当でないことは真っ当でないと表明する。みなさんが行動しなければ、世界は変わりません。

豊かな生活を実現するポイントは二つです。ひとつは生産性を上げて、成長する。もうひとつはみなさんが行動することで、いい政府をつくる。それが民主主義の基本です。

質問8

大学で哲学を専攻して、思考が哲学寄りになっているのか、職場で周りの人から、前置きが長くて、話が抽象的だと言われます。ソクラテスは周囲との衝突が多かったということですが、私のような人間は、どういう生き方をすればいいでしょうか。

出口

方法は二つです。前置きが長くて、話が抽象的だと言われるなら、さらにそれを極めて徹底的に尖った人間になって、組織の中でも尖った奴だという評価を得てしまえば、きっと放し飼いになって、誰も文句を言わなくなります。楽になるに違いない（笑）。

あるいは、それは面倒くさいから、ライフとワークを分けて、ライフは徹底的に哲学して、ワークは周囲に合わせる。二つにひとつですよね。どっちが好きかというだけの話です。

ぼくは、徹底的に尖った人間になるほうをお勧めします。周囲に合わせる人間ばかりが集まってもイノベーションは起きないですから。グーグルやアップル、メタなどの企業の本社があるシリコンバレーに世界中から変人とかオタクとか呼ばれるような尖った人が集まってきて、ガンガン議論をする中でイノベーションが生まれたのです。中途半端はいけないので、思い切って妥協するか、せっかくここまで突っ走ったのだから、徹底的に突っ走るかのどっちかです。ぼくは絶対、突っ走るほうが好きです。

質問 9

ソクラテスは死を恐れていなかったことが印象的でした。出口さんの死についての考えをお聞きしたいです。輪廻転生はあると思いますか？

出口　ソクラテスが死を恐れていなかったのは、ロジックとして考えたら、わからないものを心配しても仕方ないからです。ぼくは自然科学を信じるので、輪廻転生はないと思っています。でも、人間は死んだらどうなるかはわからない。いつ死ぬかだってわからないんですから。わからないことを考えてくよくよするよりは、今日の晩ご飯は何を食べようかと考えているほうが楽しい。

　自分の仕事のことや老後のことも同様です。先のことをあれこれ心配しても仕方がない。ダーウィンを思い出してください。どうなるかはわからない。先のことを心配する暇があったら、目の前の仕事をもっと効率よくやって、早く帰るにはどうしたらいいかを考えたほうがいい。早く仕事を片付けて、その分、遊べば楽しいじゃないですか。わからないことは考えない。それでいいんです。

質問10　政治家の回顧録で、出口さんが一番好きなものを教えてください。

出口　政治家の回顧録は、『第二次世界大戦』（ウィンストン・S・チャーチル、河出書房新社、全四巻）も素晴らしいですし、先ほど挙げた『中央銀行　セントラルバンカーの経験した39年』もアベノミクスの鍵となった金融政策において、中央銀行の総裁がどういう判断をし、どういうふうに対処してきたかの記録になっています。

『ライス回顧録　ホワイトハウス 激動の2920日』(コンドリーザ・ライス、集英社)は読んでみて、ライスさんに対する評価が一変しました。これを読むまでは、ライスさんのことが嫌いだったのです。あれだけ賢いライスさんがついていながら、ブッシュ大統領のこのざまはなんや、と思っていましたから。

この本で彼女は自分のやったことに一切弁明していません。自分はこう判断して、こう行動した。その是非は後世の人が判断すればいいということです。当時のラムズフェルド国防長官のイラク戦争後の対応についても、彼を信じた私がいかに馬鹿だったか、とはっきり書いています。これが知性というものです。

そんなライスさんがひとつだけ悔やむことがあると言っています。何だと思いますか。アメリカの繁栄は世界中からいろいろな人がやって来ることによって成し遂げられた。肌の色が違う私が国務長官になれたのも、アメリカが解放されているゆえだ。ところが9・11の後、緊急事態とはいえ、アメリカに来る人を一部止めなくてはいけなくなった。必要な処置ではあったから私が在任中に元に戻すつもりで始めたけれど、元に戻せないまま退任した。それはブッシュが愚かやったからですけどね。でも、そのことだけは悔やむと。立派ですよね。

彼女はピアノが上手で、世界的なチェリストのヨーヨー・マとワシントンで演奏会を開いたことがあります。彼女自身ものすごい腕前なのですが、そのときのことを次のような要旨で書いていました。「私は人生で初めて国務長官というポストでよかったと思いました。私が国務長官でなかったら、恐らくヨーヨー・マは私みたいな下手くそなピアニストと共演してくれるはずがない」と。こういう表現もとてもチャーミングだと思います。

Q どういう基準で本を選んでいますか?

出口 ぼくは、本は面白いかどうかだけで決めているので、役に立つかどうかで本を選んだことがないんです。仕事に役に立つ本を5冊ぐらい挙げてください、と言われることがあるのですが、それは人生を舐めすぎではないでしょうか(笑)。本を5冊、読んだくらいで仕事がうまくいくはずがないでしょう。

面白い本の探し方は、時間があるときは書店で目についた本を手に取って、本文の最初から10ページ読みます。ぼくも本を書く立場だからわかるのですが、最初の10ページぐらいは校正するとき、ものすごく真剣なんです。でもだんだん疲れていく(笑)。だから本文の最初の10ページを読んで面白いと思わない本は、その先面白くなることはないと考えてよい。

忙しいときは、新聞の書評を参考にします。これは20歳ぐらいのときからそうでした。新聞の書評は、一流の人が書いています。それを読んで面白そうだと思ったら、自分に合っているということです。新聞の書評から選んだ本でしょうもないと思った本は、おそらくこれまで一冊もなかったと思います。

そして何より古典です。だから「10ページ」「新聞の書評」「古典」と覚えておいてください。

第3章

『地底旅行』

ヴェルヌ　高野優＝訳

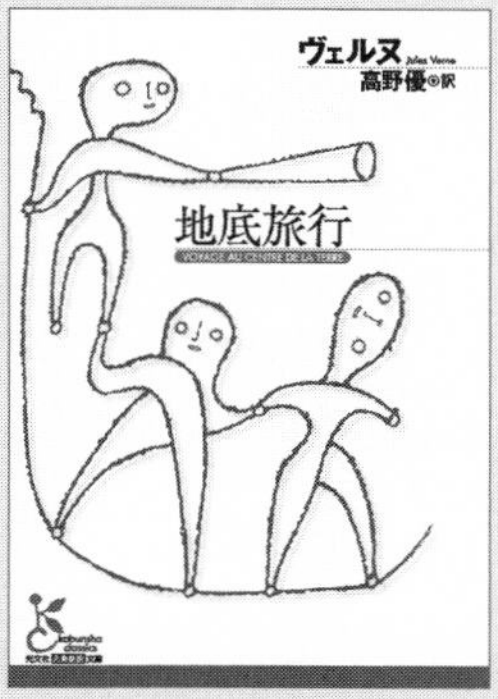

SFの未来はどうなるのか？

「空想科学小説の父」と呼ばれるジュール・ヴェルヌが1864年に発表。鉱物学者のリーデンブロック教授と甥で地質学に詳しいアクセルは、200年前の錬金術師が残したメモをきっかけに、アイスランドからガイドのハンスとともに地球の中心を目指して旅に出る。地底を旅する3人の会話には、当時の科学の知見がちりばめられている。

SFは科学の裏付けがあるから面白い

『地底旅行』はSF作品です。著者のヴェルヌ（一八二八〜一九〇五年）は、『タイム・マシン』『宇宙戦争』などを残したH・G・ウェルズ（一八六六〜一九四六年）とともにこのジャンルの草分け的存在として知られています。

SFは、サイエンティフィック・フィクション、サイエンス・フィクションの略です。

どんな物語も細部を丁寧に描写することで奥行きが生まれたり、読者にリアリティを感じさせたりするものですが、SF作品では、サイエンス、つまり自然科学の理論を上手に使って描写します。

たとえばこの本では、こういうシーンがあります。

三人で地底にもぐっていくとき、登場人物のひとりで、地質学に詳しいアクセルが「地球の内部の気温は三十メートル下に行くたびに一度あがります」と言う。そして、地底にもぐる前と、そのときの気温を比べて、自分たちが海面から何メートルの地点にいるかを計算するのです。

ところが鉱物学者のリーデンブロック教授は、「前提が間違っている」と反論します。こうしたやりとりがものすごくリアルで引き込まれていくんです。SF作品の完成度を高める大きな要素は、自然科学の理論をどう取り込むかにありますが、その点でヴェルヌは、気象学や地質学、生物学など自然科学の幅広い知識を使って小説を書いている。地底旅行の様子がとても豊かに描写されているのです。

出口流、小説を読む二つのコツ

小説を読むときには、二つのポイントがあります。

ひとつは、どういう登場人物でどういう構成、起承転結になっているかということ。もうひとつは、何をテーマにしているのか、何が言いたいのかということ。この二つの点から物語を見ていくとわかりやすいでしょう。

ひとつめを見ていきます。この物語は、登場人物が少ないのが特徴です。旅行中は、リーデンブロック教授と、教授の甥で助手のアクセル、それからガイドのハンスの三人しかいません。それでも単調にならないのは、三人の性格がそれぞれ個性的だからです。リーデンブロック教授は、この探検隊のリーダーですが、なかなか奇抜な発想をする人です。それに対して甥のアクセルは理論派で、ときには参謀のような役割を果たします。ガイドのハンスは、寡黙な働き者。この三人の関係性が物語をうまく方向づけています。

次に構成を見ていきましょう。旅の物語で起承転結の起になるのは、旅に出る理由やきっかけです。これが物語を大きく回転させる道具になります。

松尾芭蕉《ばしょう》も『奥の細道』の冒頭でなぜ旅に出るかを書きました。「月日は百代《はくたい》の過客《かかく》にして行きかう年もまた旅人なり」で始まる部分です。

この『地底旅行』では、リーデンブロック教授が手に入れたアイスランドの古い書物に羊皮紙が挟まっていて、そこに書かれていた文章が地底に向かうきっかけになります。地球の中を旅するというのは、現実にはありえないことですが、ヴェルヌはとても上手にきっかけをつくりました。物語は、ここから大きく動き出すのです。

自然科学の知識を自由自在に使いこなす

旅の舞台は、北欧の一番北にあるアイスランドです。

リーデンブロック教授とアクセルが暮らしているのは、ドイツのハンブルクですから、デンマーク経由でアイスランドに渡ります。現地で雇ったガイドがハンスです。三人は、アイスランドから地底にもぐっていきます。

なぜヴェルヌは、舞台をアイスランドにしたのか。ここでも自然科学の知識が生きています。

二人は地底に向かうのですから穴を掘らなくてはいけません。

みなさんは、地面に穴を掘ったことがありますか？　ぼくは田舎で木を植えるときなどに何回かやりましたが、一メートルぐらいの穴でもけっこうしんどいものです。

だからヴェルヌは、地球にもともと開いている穴はないかと考えたのでしょう。一番わかりやすいのは火山ですよね。地下のマグマが噴き出た通り道がありますから、火口から入っていけば地底に行けると考えることはできる。でも、活動中の火山には近づくことができません。だから休火山がいいだろう。アイスランドは、ヨーロッパ有数の火山国ですからぴったりです。

アイスランドでは、過去に何度か大規模な噴火が起きています。特に一八世紀に起きた噴火では、有毒ガスが発生して国内だけではなく世界中に深刻な被害を及ぼしましたし、二〇〇〇年代に入ってからも火山灰が原因で飛行機が欠航することがありました。だけど温泉もありますし、アイスランドという国名ですがそれほど寒くもなく、住みやすいところです。

そういえば、ぼくはノルウェーでこんなジョークを聞いたことがあります。

——アイスランドを発見したバイキングが、なぜこの名前にしたかというと、ここはとてもいいところで、それを知ったら人が殺到するかもしれない。だからあまりほかの人が来ないようにいかにも寒そうな名前にした。その後、グリーンランドを発見すると、そちらは寒くて住みにくそうだけど、誰も人が来ないとさびれてしまうからグリーンランドにしたと。

アイスランド、グリーンランドという名前のつけ方にも人間の知恵が生かされていますね。

話をもとに戻しましょう。

アイスランドで、三人は火口から地底に入っていきます。休火山であっても、地底に行けば熱いかもしれません。そこで地球の中心が熱いかどうかはわからない、という説をリーデンブロック教授は唱えます。科学的には間違っているにもかかわらず、自然科学の知識を生かして書かれているから一理あるように思えるんです。だから引き込まれます。

地底の中には岩や石しかありません。佐渡《さど》の金山や石見《いわみ》の銀山に行ったことがある人はご存知と思いますが、どこも石だらけですよね。

でも、それでは物語として退屈ですから、天才ヴェルヌは、地底に入っていくと古い時代に戻っていくというタイムトラベルのような構造にしました。三人が足を進めると、昔の地層が出てくる。デボン紀、シルル紀とどんどん時代をさかのぼっていきます。三葉虫やシーラカンスなど動物たちの化石も見つかりますから、進化の過程もわかる。もっと先に進むと、生きた古代魚まで出てきます。

映画『ジュラシック・パーク』は遺伝子の再生によって恐竜が登場するという設定でしたが、この『地底旅行』は過去に向かうことで古代魚が出てくるので、『バック・トゥー・ザ・フューチャー』と『ジュラシック・パーク』をかけ合わせたような冒険譚です。『ジュラシック・パーク』も『地底旅行』から着想を得ているかもしれませんね。ほかにも途中で飲み水がなくなったり、アクセルが二人とはぐれてしまったりと、ワクワクドキドキの要素もふんだんに盛り込んで、物語を膨らませたり転がしたりしています。これが起承転結の承と転の部分です。

そしていよいよ結の部分、フィナーレです。深い地底まで入った三人はどうやって地上に帰るのか。もと来た道を戻るのでは、同じことの繰り返しになります。となると……。どこにどうやって出てきたのかは、ぜひ読んで確かめてください。とにかくヴェルヌは最後まで楽しませてくれます。

この本の構成は、なかなか面白そうでしょう？　この本が見事なのは、いま読んでもそんなに古く感じないことです。ヴェルヌの想像力がいかに素晴らしいかがよくわかります。『地底旅行』は、今も世界中で読まれています。古典がなぜ面白いかというと、そもそも面白いものしか残っていないから。この本を読むとそれがよくわかるはずです。

いくつものテーマが作品世界を豊かに

次にテーマを考えましょう。たくさんの読者を獲得したSFは、何を訴えたいのかがわかりにくい作品も多いのですが、逆に言うと、面白い物語をつくったらそれでええんや、とも言えますね。

この作品の場合は、仲間の大事さや旅の面白さ、人間の探究心や冒険心の大切さを伝えたかったということができますし、若者が試練を受けて立派になって帰ってくるという成長物語の要素も含まれています。

『地底旅行』が出版当時、新しかったのは、ヨーロッパの物語でありながら、ほとんど神様という存在が出てこないところです。

それだけ自然科学が発達し、科学に多くの人が興味をもっていた時代背景だったのでしょう。

なぜ欧米ではＳＦが人気なのか

ヨーロッパは、自然科学の知見をもとにした本を書く研究者や、それを積極的に刊行する出版社が日本よりも多いように感じます。ＳＦは世界中で人気ですが、恐らく日本より欧米のほうがＳＦの出版点数が多いのではないでしょうか。

日本は、ノーベル賞を受賞するような研究者も多く、研究のレベルはヨーロッパと比べて引けを取らないのに、一般書を書こうとする研究者が少ないのはなぜでしょうか。理由のひとつは、一般書を書くよりも英語で論文を書いたほうが学会での評価が高くなることにあるでしょう。

日本では、歴史書も研究者ではなく作家が中心になって書かれてきた。だから司馬遼太郎さんの「司馬史観」などというものができたんです。物語をつくる作家と歴史の研究者は立場が違うのですが、司馬さんが書いた小説を「歴史」として受け止める人も多くいますね。

そういえば、ぼくが歴史の話をすると、「自分が習ったことと違います」という人がいます。中学生や高校生の頃に習ったことをそのまま記憶しておられて、歴史という学問は進化がないと思っている人も実に多いんです。

遺伝子の研究はどんどん進んでいて、古い理論が覆《くつがえ》ることがあると理解できるのに、なぜか歴史は、新たな発見があるとは思わない。もちろん、徳川家康の生まれた年はこれからも変わらないのでしょう。でも、あらゆる学問には新しい発見があり、その発見によって進化する。

たとえば、これまで仏像は、ギリシア彫刻の影響を受けてガンダーラでつくられるようになったとされてきましたが、近年になって同じくらいの時期にヒンドゥー教の信仰が盛んだったマトゥラーでもつくられていたことがわかりました。歴史という学問もほかの学問と同じように、新たな発見を繰り返しながら進化しているんです。

欧米では伝統的に、一般の人に最新の知見を知ってもらうことが研究者の大事な役割だと考えられているので、自然科学であれ歴史などの人文科学であれ、学問の最先端の知識をわかりやすく解説した本がたくさん出版されています。ＳＦの裾野が広いのには、そういう背景があるのかもしれません。

科学が進歩してもＳＦは成立するのか

これからのＳＦはどうなっていくでしょうか。

ＳＦは、未知の分野を対象にしています。この物語では、地底はどうなっているのか、ということがそれにあたりますが、科学が進歩すると未知の分野はどんどんなくなっていく。そうなると必然的に小説の題材が減っていくかもしれません。

ただ、これからも使えそうな題材もある。二つほど挙げてみます。

ひとつが宇宙です。昔から宇宙は、ＳＦに題材を提供してきました。宇宙のことはかなり解明されていますが、あまりにも壮大であるがゆえ、人間の頭では理解しづらいのです。

たとえば、宇宙には、小惑星が何百万個もあります。膨大な数ですから、宇宙船は小惑星にぶつからないようカーレーサーのように巧みに操作しないといけないという設定で、物語をつくることもできそうです。実際の宇宙の広さと小惑星の数との対比は、地球と人間にたとえれば、二五〇〇個の地球に人間が一人いるというくらい。なので、宇宙船が小惑星にぶつかる可能性はほとんどないのですが、宇宙の広さは人間の感覚ではつかみづらい。だから小説家は宇宙船の操作が大変だというイメージをつくることもできる。

ぼくは宇宙が好きで、子どもの頃はロケットをつくって火星に行きたいと思っていました。今では火星人の存在は完全に否定されていますが、これからも宇宙旅行はSFの題材になるでしょう。広い宇宙では地球から一番近くの恒星でもだいたい四・二光年ほど離れていますから、そこに行くには、今の技術では一五〇〇年ぐらいかかります。人間が旅をするのは不可能ですが、ではどうすれば宇宙旅行できるかを考えるのも面白い。

人間をサイボーグやロボットにすれば、宇宙旅行はできるようになりますし、ほかにも方法はありそうです。

シンギュラリティは小説世界も変えていく

もうひとつはＡＩです。コンピュータと宇宙を組み合わせたのが『２００１年宇宙の旅』で、この映画にはＨＡＬ９０００というコンピュータが登場しました。ＡＩと人間の能力を考えるまさにシンギュラリティの物語です。これからは宇宙とＡＩを絡めたものがＳＦのワクワクするテーマになるのではないでしょうか。

あとは、人体や脳について。まだ解明されていない点が多いので、今後、ＡＩが代替となりうるのかというのもＳＦのテーマになりそうです。

では、ＡＩが代替になるとき、限界として考えられるものは何でしょうか。

ひとつは、人間の無意識の部分です。人間は脳の働きを一割ぐらいしか意識できていないと言われています。脳研究者の池谷裕二《いけがや》教授は「せいぜい数％でしょう」と言っていました。今、ぼくはここで講義を行い、みなさんは耳を傾けてくれていますが、みなさんもぼくも脳の一割も使っていないということです。残りの九割以上はどうなっているのか。少し前までは使われていないというのが定説でしたが、今は無意識の部分も常にフル回転していて、実はその無意識の部分が行動をコントロールしていることがわかっています。

たとえば、コップに手を伸ばして水を飲んだとしましょう。喉が渇いたから水を飲もうと自分で意思決定したと思いがちですが、実験を重ねた結果、無意識の部分が最初の意思決定にかかわっていることがわかったんです。

コップに手を伸ばして水を飲んだとき、脳からは二カ所に信号が流れています。ひとつは「水を飲みたい」という意識、もうひとつは手を動かすこと。「水を飲みたい」という意識のほうが〇・二秒くらい速く信号が届くから、自分が意思決定していると錯覚するのですが、詳しく調べたところ、手を動かすための信号は、「水を飲みたい」という意識とは関係なく送られていることがわかったのです。

つまり水を飲むという行為は、自分が飲みたいと意識したから飲んでいるのではない。だとしたら、どうやって決まるのか。その部分はよくわかっておらず、AIに教えることはまだできません。

ただ、AIに人間の行動を見せてパターン認識させることは可能でしょう。そう考えると、シンギュラリティは理論的にないわけではないと言える。もしかしたら人間がわからないこともAIは理解してしまうかもしれません。

もうひとつの限界は、人間の感情についてです。人間の感情は複雑ですが、コンピュータは二進法で0か1かですから、AIに人間のことは永遠に理解できないだろうという考え方があります。

だけどこれも突き詰めていき、0と1を無限に組み合わせていけば、人間同様の細やかな判断ができるようになるかもしれない。となると、人間の感情も分析できるのではないかという考え方もあります。こうやっていろいろと考えると、やっぱりAIは、今後しばらくSFの世界でもすごく面白いテーマになりそうです。SFの未来は、今後、科学がどの程度のスピードで進んでいくかによっても変わってくるでしょう。

SFのもうひとりの巨人にも注目

もしSFというジャンルに興味を持ったら、SFの揺籃《ようらん》期に活躍したもうひとりのSFの巨人H・G・ウェルズの作品も読んでみてください。ウェルズの名前を知らなくても、タコのような火星人の絵は見たことがあるのではないでしょうか。あれは彼の作品『宇宙戦争』の挿絵としてブラジルのアーティスト、エンリケ・アルヴィン・コレアが描いた絵が始まりだと言われています。

ウェルズは個性的な人でした。『時の旅人 H・G・ウェルズの生涯』（ノーマン・マッケンジー、ジーン・マッケンジー、早川書房）という評伝も出ています。すごく分厚い本ですが、面白いのでスラスラ読めます。だいたい作家も含めて芸術家というものに、普通の人はなりません。そういう意味でも参考になります。何かを創作するクリエイターや起業家、スティーブ・ジョブズもそうですが、新しいものを生み出す人はだいたい尖った人で、最近の流行り言葉で言えば「変態」です。常識的で健全ななんの変哲もない人が面白い物語をつくったり大発見をしたりすることはあまりないということもよくわかります。

出口治明さんが選ぶ「あわせて読みたい」ブックガイド

ジュール・ヴェルヌ
村松潔＝訳
『海底二万里』(上・下)
新潮文庫

一八六六年、何隻もの大型船が海上で遭遇した「巨大なもの」。鯨よりもはるかに大きくて敏捷。それは一体、なんなのか？　合衆国は高速フリゲート艦エイブラハム・リンカーン号を派遣したが、追跡中にパリ自然史博物館教授のアロナクスら三人は、巨大な潜水艇に拉致されてしまう。最新鋭の潜水艇を操る人物とは？　アロナクス教授はこの潜水艇で太平洋や地中海、南極と地球上の海を高速で移動し、艇内や海中を観察する。一八七〇年の作品。

ヴェルヌが地底の次に、人間にとって未知の場所として考えたのが、海の底でした。これは『地底旅行』と並ぶＳＦの傑作です。登場する潜水艇は、ノーチラス号と名付けられていますが、これはアメリカ人技術者のロバート・フルトンが一八〇〇年にフランスで設計した世界初の潜水艦ノーチラス号からきています。

メアリー・シェリー
芹澤恵＝訳
『フランケンシュタイン』
新潮文庫

大学で自然科学を学ぶヴィクター・フランケンシュタインは、生命の起源に迫る研究に打ち込み、墓地や解剖室、食肉処理場から素材を集め生命の創造に取り組んだ。そこで生まれたのは、息もつけないほどおぞましい怪物だった。ヴィクターは、怪物から逃れようと故郷に戻る。生みの親であるヴィクターに疎まれた怪物は、その風貌のため誰からも受け入れてもらえない。怪物を追い込んだのは、孤独だった。一八一八年の作品。

科学の分野で、多くの人が興味を持っているのはシンギュラリティです。人間は、古くから科学が進むと人間が機械に負けるんじゃないか、人間がつくった機械に人間が支配されるんじゃないかという恐怖を抱えていました。

この作品は、そうした人間の恐怖を初めてテーマにした作品だと思います。科学者のヴィクターがつくった人造人間は、暴れ回って人間に迷惑をかけるのですが、なぜそんなことをするかといえば、親であるヴィクターに大事にされなかったからです。

この本を読めば、人間は、相手が人であれ、ペットであれ、モノであれ、大事にすることによって関係を築いているんだということがわかります。そういう意味で非常に示唆的な小説です。

ある医師からこんな話を聞きました。言葉がほとんど通じない認知症の患者さんに対して、介護する人がイライラして荒っぽく扱うと、患者さんはそれを感じとるのか、リベンジをするそうです。食事をこぼしたり、トイレに失敗したりしてわざと手間がかかるようなことをする。

でも大事にすれば、できるだけ迷惑をかけないようにするらしいです。自分が大事にされているか、杜撰《ずさん》に扱われているかは、認知症の患者さんにもわかるのです。

この作品が取り上げたテーマは、現代にも通じます。ちなみにフランケンシュタインはヴィクターの名字ですが、怪物のことをフランケンシュタインと呼ぶこともあるようです。

クラーク
池田真紀子＝訳
『幼年期の終わり』
光文社古典新訳文庫

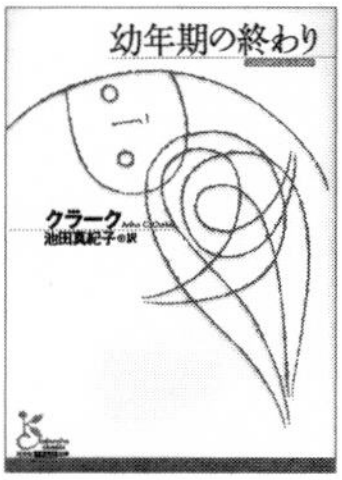

ある日突然現れた巨大な宇宙船の群れが地球上空に止まり、六日目に地球総督カレランが、地球上の国境を消滅させ世界連邦を創設することを告げた。最高君主であるオーヴァーロードは時間をかけて地球を統治した。生まれたときからオーヴァーロードが存在した世代は、このやり方に疑問をもたない。それから五〇年が経過し、地球は、病気も貧困も犯罪もない世界に生まれ変わっていた。オーヴァーロードの真の目的は何なのか。地球は、人類は、どこへ行きつくのか。一九五三年の作品。

宇宙人が出てくるSFとして思いついたのがこの本です。この本も非常に現代的なところがあります。ＡＩに政治をやってもらったほうがうまくいくんじゃないかと言う人もいますが、この作品は、ＡＩに政治をやってもらったらどうなるかのシミュレーションのような物語でもあります。

ジョージ・オーウェル
高橋和久＝訳
『一九八四年』（新訳版）
ハヤカワepi文庫

自由や意思というものがほとんど存在しないも同然のビッグ・ブラザーが統治する世界。思考警察はあらゆるところに監視の目を張り巡らせ、危険思想をもつ者は容赦なく消される。歴史はつねに都合のいいように書き換えられるから、事実が明らかになることはない。独自の言語はものごとを単純にしか表現できず、言葉の数はどんどん減らされていた。真理省に勤務するウィンストンは、ジュリアと恋に落ち、二人はやがて反政府地下活動グループとの接触を図るが……。統治者が圧倒的な権力をもつ世界を描いた一九四九年の作品。巻末には現代アメリカ文学を代表する作家トマス・ピンチョンが熱のこもった解説を寄せている。

人間は、自分にとってわからないものに恐怖を感じます。人間の想像力はそれほど豊かではないからです。そういう恐怖心を反映した結果、未来の世界はこのようなディストピアになるんだということがこの作品を読めばわかると思います。未来を描いた小説の多くが、この作品のようにディストピアになるのは、同じ理由からでしょう。一九八四年になる前、友だちと「もうじき八四年が来るから世界は終わるんじゃないか」と話をしました。ぼくも友だちもこの本をずっと前に読んでいたからです。当時からとても影響力のある作品で、末世の気配を感じていた若者もたくさんいました。もちろん実際の一九八四年は、何事もなく平和に過ぎたのですけれど。『一九八四年』で描かれている世界は、ディストピアのひとつのシンボルと言えるでしょう。

土屋健
小林快次＝監修
『ティラノサウルスはすごい』
文春新書

恐竜のなかで最も人気者のティラノサウルスは、恐竜が活動していた期間全体のわずか四％の時間に、アメリカとカナダの一部の地域にのみ生息していた。見つかったわずかな化石から体型や走るスピード、体温や食事などティラノサウルスの生態について考察する。限られたデータからティラノサウルスの生態を考察する過程を明らかにすることで科学的思考方法もよくわかる内容になっている。

この本は、ＳＦではないのですが、『地底旅行』には魚竜も登場しますから、恐竜の本を一冊、選びました。恐竜で一番人気はやっぱりティラノサウルスです。大きくて強いですから。この本には、現在の自然科学で恐竜がどのように理解されているかがわかりやすく書いてあります。とても読みやすくて、面白い本です。

質疑応答 教えて！ 出口さん

質問1

作者のヴェルヌはすごくたくさん旅をしていたようですが、ヴェルヌより一九歳年上のダーウィンもビーグル号に乗って世界を旅しました。この時代、旅や科学への興味が高まっていたのでしょうか。

出口

ダーウィンが住んでいた大英帝国にしても、ヴェルヌが住んでいたフランスにしても、この時代は産業革命後に社会が発展して、市民階級がある程度、豊かになったので旅もできるようになったのでしょう。同じ頃、イザベラ・バードという身体の弱いイングランドの女性がひとりで日本や朝鮮、中国を旅しました。日本は明治時代でした。彼女がひとりで遠い国まで旅行ができたのは、それくらいイングランドの社会が経済的にも文化的にも力があったということです。コロナ禍前、中国の多くの富裕層が海外の旅に出かけていましたが、そのような状況だったと考えてもらえばわかりやすいでしょう。バードは『日本奥地紀行』のほか、中国や朝鮮の旅行記も残していますので、興味のある人は読んでみてください。調べればすぐに出てきます。『ふしぎの国のバード1〜7』佐々大河（KADOKAWA）という漫画にもなっているようですから、そちらでもいいですね。

そしてこの時代は、科学技術が進歩したことから、市民の「知りたい」という欲望が強くなったんです。それまではずっと信仰が大事で、神様の決めたことに従っていたので、人間の好奇心は抑えられていました。ところが人間の力、つまり科学の力で何かが変わるということを経験すると、もっと探ろうとなります。神の時代から科学の時代になったのです。ダーウィンも『種の起源』で、生物は神様がつくったものではないと書いていました。市民の科学への興味がどんどん強くなり、科学が大衆化した時代だともいえます。

質問2

人間はわからないことが多いとどうしても恐怖心が勝り、SFの結末がディストピアになりがちだというお話がありましたが、『地底旅行』はワクワクするような結末でした。結末が明るいユートピアになるのか、ディストピアになるのか、それを分けるのは何でしょうか。

出口

考えられるのは二つです。ひとつは社会が伸びているとき、高度成長期や景気がいいときには人々の気持ちが高揚しているので、そういう時代に書かれた物語はだいたい明るいということ。社会が停滞していたり、景気が後退していたりすると人々は暗くなりますから、そういう時代に書かれた物語は暗くなります。つまり時代の影響を受けやすいということです。今、中国の書店ではぼくが見る限り、「お金が儲かれば人生はこんなに楽しい」というような経済の好調さを反映した本が多く並んでいます。人間の頭はわりと刹那的で、そのときそのときの状況に左右されやすいんです。

もうひとつは作家の個性です。単純に言えば、明るい物語を好んで書く人、暗い物語を好んで書く人がいます。

この二つが大きいのですが、先ほど、ＳＦの結末はディストピアになりやすいと言ったのは、人間には未知のものを怖がる習性があり、それが結末に影響することがあるということも伝えておきたかったからです。脳が理解できることと、説明がつくものは怖くないのに、説明がつかないものには必要以上に恐怖を感じてしまうのです。そうした習性が、ディストピアという結末につながることがあります。

質問3 この作品は、古典でありSFであることから、最低限の知識を持って読んだほうがわかりやすいようにも感じるのですが、いかがでしょうか。

出口 文芸評論家は、それでお金をもらうわけですから精緻に読まないといけないと思うのですが、普通の人は楽しみのために読むと思うので、自分が楽しめる方法で読むのが一番です。ぼくが話したように、構成やテーマについて考えてもいいですし、作家はどんな人だったか、その時代の社会はどうだったかを知ると、作品を理解しやすくなることもありますが、自由に解釈していいんです。これは翻訳書ですから、原文のフランス語と和訳を対比させながら読んでもきっと面白いと思います。一部分でもそのようにして読むと、訳した人の考えがわかるんです。翻訳書は訳者の個性もすごく出ますから。ものすごくたくさんの人が『源氏物語』の現代語訳に取り組んでいるのは、人によって解釈が異なるからです。それを比較するのも楽しいですね。

質問4 神の時代から科学の時代になった頃に、SF小説が誕生したということですが、それよりはるか前の古代メソポタミア時代に書かれた『ギルガメシュ叙

事詩』も現実にはないことが書かれていて、SFに近いと思うのですが、いかがでしょうか。

出口　その通りですね。たとえば一三世紀から一四世紀に書かれたダンテの『神曲』も地面の下の地獄と、天上にある天国をかなり構造的に書いています。

ただやっぱり科学がないと、細部まで描写することは難しい。『ギルガメシュ叙事詩』もシンプルな描写にとどまっています。『地底旅行』では、シルル紀、ペルム紀、デボン紀と地質時代位ごとに精緻に書いてあるのは、科学の裏付けがあるからです。なかったら、あのように詳細には書けなかったでしょう。だから自然科学は、人間が想像を膨らませるための材料をたくさん提供していると理解したらどうでしょうか。それがSFというジャンルの魅力です。

質問5　**読み始めたときは、リーデンブロック教授と助手のアクセルは、素朴に科学を信奉しているのかと思ったのですが、物語の途中でこんなやりとりがありました。**

「その点で、科学はまちがっていたということですね」

「ああ、アクセル。科学などというのはまちがいでできているようなものじゃ。だが、まちがいは犯したほうがいい。それによって少しずつ真実に近づいていくのじゃからな」（三四三ページ）

科学というものは間違いを訂正しながら先に進んでいくのだという本質をズバッと言い当てているような気がして、すごく驚きました。

出口

素晴らしいですよね。やっぱりどの時代であっても優れた作家は、先見性を持っています。ヴェルヌも物事を見通していました。『ソクラテスの弁明』でもお話しした、「西洋のすべての哲学は、プラトン哲学への脚注にすぎない」というのもプラトンの先見性を言い当てていました。

人間の脳みその機能は昔からずっと変わっていません。そのことを説明するのに、ぼくはよくストラディバリのつくったバイオリンやビオラの話をします。世界最高峰の名器と言われていますが、どんな材料を使って、どんなニスを塗っているかはほぼすべて解明できている、つまり科学的にはわかっているのですが、同等のものをつくることはできない。これは人間の脳が進化しないからです。ストラディバリのようなバイオリンづくりの天才が生まれるのはアトランダムで、何百年にひとり生まれるかどうか。どんなに科学が進歩しても、人間の脳は進化しないので、ストラディバリのような天才が再び登場しない限り、あのようなバイオリンはつくれないのです。

指摘していただいたリーデンブロック教授とアクセルのやりとりは、ビジネスパーソンにも伝えたいですね。「間違いは犯したほうがええで。それによってちょっとずつ賢くなってええ仕事ができるんやから、ビビってたらあかん」と。そういうふうに言いかえることができます。

質問6

人間の脳は進化しないけれど、学問は進化するというのは、すごく的を射ているご意見だと思いました。私はキリスト教徒ですが、聖書の解釈が一〇〇年前と今とで違うのも当たり前でしょうか。

出口

そうです。聖書は変わらなくても解釈はどんどん変わります。たとえばイエスが生まれたのは、ベツレヘムだとされていて、イエスが生まれた聖誕教会には、イエスが寝かされていた飼い葉桶の跡もあります。でも聖書には、イエスはナザレの人であるという記述があります。ではなぜベツレヘムで生まれたことになっているのか。『新約聖書』にはイエスは、住民登録のためにベツレヘムを旅したとありますから、イエスがベツレヘムで生まれたとすることには無理があるんです。それなのになぜそれほどベツレヘムを強調するかというと、ダビデの子孫からメシア（救世主）が生まれるとされているからです。ダビデの一族はベツレヘムを本拠としていたので、メシアであるイエスは、ベツレヘムで生まれなければならなかったのです。

それをどのように解釈するのか。聖書の言葉は変わらないのですが、解釈は変わっていくのです。

質問7

出口さんが、幼い頃に出合った本で、大人になって再び出合って、面白かったという作品があったら教えてください。

出口

山ほどありますね。子どもの頃『平家物語』を読んだら、あまりの名文でかっこよくて、平忠盛、清盛、重盛、維盛《これもり》と系図を自分で書きながら満喫して、次に『源氏物語』に手を出しました。小学校四年生の頃でしたが、こちらは全然面白くない。

ところが中学生になって淡い初恋でふられたときに、再び『源氏物語』をと読んでみたら、面白かったですね。そういうことは無数にあると思います。自分でインドを放浪した後で古代インドの叙事詩『マハーバーラタ』を読んだら、インドの人の心に沁みてくるのがわかった感じがしました。

経験を積んだり、知識が増えたりすると人は変わります。だから古典を読んでいても、途中で面白くないと思えば無理して読まなくていいんです。半年、一年、あるいは十年経ってもう一回読んでみたら、今度は面白いと思うかもしれません。

質問 8

日本の研究者があまり一般向けの本を書かない。欧米では研究者は、一般の方にもわかりやすく伝え、説明する役割がある、とのことでしたが、その意識の違いはどこで生まれるのでしょうか。

出口

学会の閉鎖性だと思います。ＡＰＵで教員を国際公募するときもそうなのですが、英語の論文や学会に提出した論文は評価するいっぽうで、一般書のことは考慮しないのです。日本の大学では、そういう慣習がずっと続いていて、ぼくも一般書を業績に数えたらどうですか、と言うのですが、「一般書は研究者の業績ではありません」という答えが平然と返ってきます。それはそれで間違いではないのですが、一般の人々に伝わらなければ、いつまで経っても作家が勝手な創作をしてしまうことが続きます。

そういう意味では呉座勇一さんの『陰謀の日本中世史』（KADOKAWA）は、研究者が本当のことを言うために書かれた本です。呉座さんは、足利義政は政治には関心がなく銀閣寺で遊んでいたとされてきたけれど、これは戦前の理解で、その後、研究が進んで、義政は政治を一所懸命やっていたと書いています。このように歴史という学問も進化しているのですが、研究者が一般向けに本を書かないので、これまで伝わらなかったのです。そうすると、作家が書いた歴史小説が史実であるかのように理解されてしまうこともあります。面白いからたくさん読まれるのですが、学問とは程遠いものです。

欧米の研究者には、学問を市民に理解してもらおうという姿勢があるのですが、日本の研究機関は象牙《ぞうげ》の塔のようなもので、市民とは距離を置いたほうが研究者として権威があるという誤った思い込みがあるような気がします。

質問9 **ＳＦのテーマとしてＡＩを挙げておられましたが、これからＡＩはどういう進化をたどるとお考えですか。**

出口 人間次第だと思います。人間がＡＩをどういうふうに使いたいと思うか。過去にも汎用化しなかった技術はいっぱいあります。一番わかりやすいのが毒ガスです。第一次世界大戦で使われたときに、とてもリスクの高い兵器だということがわかりました。相手をやっつけることができるけれど、風向きが変わったり、扱いを間違ったりすれば、自分たちが命を落とすこともあると。だから毒ガスは使わないでおこうという取り決めがされました。これはわりと守られています。できることと、すべきことは違うのです。

だからＡＩがどんな進歩を遂げるかは、われわれ人間次第です。われわれはどんなことでもできる、と暴走すれば、『フランケンシュタイン』のようなことが起きるかもしれません。だから技術が進めば進むほど、どのように使うのかが大事になってくる。軍隊でも最高指揮権を、軍人ではなく文民がもつことで民主政治が守られるのです。ＡＩに関しても技術者ではなく、文民の判断がすごく大事になってくるでしょう。

自動車の自動運転もすでに技術的には可能なのです。ところが自動運転を実用化するためには自賠責保険と道路交通法の改正が不可欠で、それをうまく設計する能力がなければ、自動運転は使えません。自動運転の車が事故を起こしたら、責任は、車の運転手にあるのか、それとも自動車メーカーにあるのかは、かなり判断が難しい。

機械も賢くないけれど、人間も同様に賢くないとしたら、とても怖いことになります。ＡＩを含めて科学技術はこれからも進歩していくのですが、それを使う人間の知恵がどこまで進化していくかということです。

Q 出口さんは本を読もうとして途中で挫折したことはありますか?

出口 子どもの頃からいっぱい挫折しています。『平家物語』を読んだあとに今度は源氏の戦争の話を読もうと思って『源氏物語』に手を出したら、全然違っていたという話を質疑応答でしましたが、『源氏物語』は光源氏と女性たちとの物語ですから当然ですよね(笑)。

人間には好みがありますから、100冊のうち2、3冊読めれば十分です。自分に合うものを読めばいいので、古典だから面白いはずだと無理に読もうとしなくてもいいんです。嫌いなものを読んでも身につかない。好きこそものの上手なれで、自分に合うものを読んでいけばいい。初めて読んだときは全然面白くなくてやめてしまったけれど、何年かして読むと面白かったということもありますから、まずは気楽に本を手に取ってみる。

以前こんなことがありました。ある若い人と話をしていて「本を読んだらええで」と言ったんです。彼は早速実行したそうですが、読んでも、読んでも全然わからない。だから最初の数年間はほとんど最後まで読んだ本はなかったそうです。それでも続けているうちに、ある日、読めるようになった。そして今ではものすごくたくさん本を読むようになって、読書会を主宰するまでになっています。

これはどんなことにも言えるのですが、上達って指数関数なんです。最初は全然できないけれど、続けていると、ある段階でぐっと上達する。登山と一緒です。登っても、登っても山の中で、何も見えないけれど、でもそこを我慢して登っていると、急に視界が開けて、違う景色が見えます。そういうものです。

第4章

『市民政府論』

ロック　角田安正＝訳

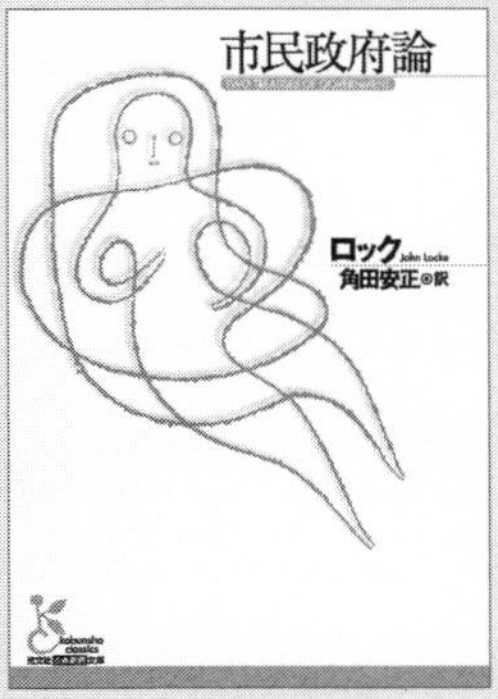

政府は自分たちで作るもの

人は生まれながらにして平等であり、誰もが自分自身の自由と財産、生命を守り、他人からの加害や攻撃を防ぐ権利をもつと考えたロックは、人民は、自分たちの権利を守るために、政治的共同体としての国家をつくったとする。だから国家が、人民の意思に反した場合、人民はただちにその権力を剥奪することができるとした。この本でロックは、人民と国家の関係のあるべき姿を詳細に論述する。ロックが唱えた民主主義、自由主義についての思想は、その後のアメリカの独立宣言やフランス革命にも影響を与えた。

悪い政府は取り替えればいい

ジョン・ロック（一六三二〜一七〇四年）は、政府と市民の関係はどうあるべきかを考えた人です。現在の自由主義、民主主義の根本の理論をつくった人だと位置づけされています。彼は、「政府をつくるのは市民の権利を守るためなのだから、市民にとって望ましくないことをする政府は、市民が交代させることができる」としました。

当時のヨーロッパには「王の支配権は、神から授《さず》かったものだから絶対であり、市民は王に逆らうことはできない」という王権神授説が存在していたのです。キリスト教の神とアダムの関係と同じように、父親は子どもを支配し、子どもは父親に従うものとされていましたから、王と市民の関係もそれと同じだと。この考え方にもとづけば、市民にとって王は絶対的な存在で、どんな命令をされても従うより仕方がないということになります。

ところがロックは、王が市民に利益をもたらす方向に傾いているのか、それとも損害をもたらす方向に傾いているのかよくよく確かめなさいよ、と述べます。そして損害をもたらす方向に傾いていると判断したら、訴えていいんですよ、と続けました。

この本ではこうした考えをまず父権の説明から始めます。親が子どもを支配するのは、自然なことではない。子どもは誰かが保護しないと生きていけないのだから世話をするのは当然で、子どもに対する権力は、子どもの世話をする義務から生まれているのであって、絶対的なものではないと述べるんです。さらに十分に世話をしない親は、その権力を失う、とします。王や政府と、市民との関係も同様で、王や政府は市民の自由や財産、生命を守るために存在するのだから、そのために働いてくれないなら取り替えていい、というわけです。当時、ロックの思想がいかに新しかったかわかるでしょうか。

日本では、昭和の時代になっても王権神授説に近い考え方をしていました。戦前、国民は天皇の赤子《せきし》であると言われていたんです。赤子とは、子どもという意味で、天皇が天子ですから、天皇は、市民にとって絶対的な存在でした。ロックが一七世紀に喝破した思想を、日本は二〇世紀になっても肯定していたんです。戦後、この考えは否定されましたが、今日にいたっても、日本の一部の人たちが抱く家族観はロックの理論に追いついていないと感じることがあります。ちなみにこの本でロックは父権という言葉を使っていますが、父親の権利と母親の権利は同等だということもはっきり書いています。あの時代に男女は同権だと言っていることからもロックは常識にとらわれない、常識を疑う力の強い人だということがわかります。ロックの理論は、現代にも十分通用する内容です。

人民が王に抵抗するイングランド

ロックの理論が生まれた時代背景を説明しましょう。イングランドは議会の母国です。一三世紀から議会があり、一五世紀には下院議員を選挙で選ぶようになりました。ロックの理論が生まれる前から、市民の間には、いい人を選べば国を変えることができるという考え方があったんです。

ところが一六〇三年に、スコットランドの王で王権神授説を信奉していたジェームズ六世がイングランド王ジェームズ一世として即位して、議会を無視して勝手に税金を上げ、続く息子のチャールズ一世も王権神授説を信奉し議会と対立しました。絶対王政を信奉する王と、議会政治を進めてきたイングランドの人たちがうまくいくわけがありません。

そして三王国戦争（ピューリタン革命）が起きてクロムウェルが率いた議会派が勝利をおさめ、チャールズ一世は処刑されるのです。三王国戦争は、日本ではクロムウェルがピューリタン（清教徒）だったことからピューリタン革命と呼ばれていますが、議会派にはピューリタン以外もいましたし、連合王国では、三王国（イングランド、スコットランド、アイルランド）戦争と呼ばれていますから、ここではその呼び方をします。この三王国戦争の後、一六四九年にイングランドは共和国となりクロムウェルを護国卿とするのですが、彼の死後、共和政は維持できませんでした。

そこで一六六〇年に王政復古して、チャールズ一世の息子がチャールズ二世として即位します。ところが、チャールズ二世の跡を継いだ弟のジェームズ二世が王権神授説の熱烈な信奉者で、やっぱり議会とうまくいかない。議会はジェームズ二世を追放して、ネーデルラントに嫁いでいたジェームズ二世の娘のメアリーと、その夫オラニエ公ウィレム三世を招聘し王位につけました。これが名誉革命（一六八八～一六八九年）です。チャールズ一世を処刑しても社会はいい方向に進まなかったことをイングランドの人たちは記憶していましたから、このときは王を処刑しませんでした。血を流すことなく行われた革命なので、無血革命と呼ばれることもあります。

正しい理論によって革命は完成する

『市民政府論』が出版されたのは、名誉革命の翌年です。ロックの理論は、名誉革命の正当性を理論的に裏付けました。先に述べたようにロックは次のように説きます。「親に世話をしてもらいながら大きくなるから、親に従うことが習慣になっている。だから王に従うことにも疑問をもたない。この王様はとんでもないと思っても、やっぱり王様なんだから自分たちが我慢したほうがいいと諦めてしまう」と。だけどロックは、諦める必要はないと丁寧にロジックを紡《つむ》ぎました。

ロックは非常に頭のいい人で、文章の書き方にもそれが表れています。この本のページをめくるとわかるのですが、段落ごとに一、二と番号を振りながら、理論を展開するのです。しかも大事なことは何回も繰り返しますから、内容がしっかりと頭に入ります。ロックは、自分で書いたことが過激すぎた、ちょっと言いすぎたと思ったら、そのあとで丸くしたり、やわらかくしたりするなどの工夫もしています。たとえば、市民にとって望ましくない王や政府はいつでも取り替えていいと主張したあとに、反抗していいのは、不正、不法な暴力を働いたときだけですよ、という注釈を加えます。なんでもかんでも文句を言っていいわけではない。ちょっとくらいは目をつぶってあげなさい、と。とてもチャーミングな人なんです。そういう読み方ができるのもこの本の面白いところでしょう。

国家は強力であるべきだと考えたホッブズ

　ここでロックよりも半世紀ほど早く生まれたホッブズ（一五八八〜一六七九年）にも触れておきましょう。ホッブズは『リヴァイアサン』という著書で知られるイングランドの思想家です。ロックやホッブズ、そしてこのあとお話しするルソーは、市民と国家の関係を定義する、社会契約説を唱えた思想家です。彼らは、自分たちの理論を組み立てる前提として、自然状態というものを想定しました。自然状態とは、社会に政治的な枠組みがつくられる前の状態を指します。ロックは自然状態にある人間は仲良くしていたと考えましたが、ホッブズは自然状態にある人間はとてもエゴイスティックで、もっといっぱい食べものがほしい、素敵な恋人をつくって自慢したいと、つねに何かを奪い合うような闘争状態にあったと考えました。ホッブズはそれを「万人の万人に対する戦い」と表現し、何もしなかったらその状態がずっと続いてしまうと考えます。それでは人が生まれながらに持っている自然権、つまり自分自身の自由と財産、生命を守り、他人からの加害や攻撃を防ぐ権利が守られません。困りますね。

だから自分の権利を全部「コモンウェルス」に預けて、仕切ってもらえばいいとします。これがホッブズの社会契約説です。コモンウェルスとは連邦や国家という意味で、彼はそれを「リヴァイアサン」と名づけました。リヴァイアサンとは旧約聖書に登場する海の怪物です。その名前を使うことからもわかるように、彼が考えた国家はとても強力です。そうでなければ、エゴイスティックな人間を抑えることができないと考えたからです。国家がすべてを取り仕切るのだから信じるべきだ、というのがホッブズの考え方です。お気づきの方もいると思いますが、これは王権神授説に近い。実際、結果として王権神授説を理論づけることになりました。

自然状態にある人間は仲良くしていたという想定のもとでロックは、それでも争いは起きる。だから仲裁する人が必要で、そのために政治的共同体が必要だと考えました。人間の生命や自由、財産を守るために政治的共同体、つまり国家を作って自分たちの権利を委ねた。そこで国家がわれわれの権利を守るための仕事をせずに、「もっとこっちの言うことを聞け」と命令するのは本来の権限を逸脱していることになります。だから、そんな国家は本来の役割を果たしていないと考えるわけです。ホッブズとはまるで違う思想でしょう。ホッブズは人と人はすぐ喧嘩になるから国家をつくったので、みんなが言うことを聞くように国家は強力でないといけないと考えました。ロックはみんな仲良く暮らしているけれど、争いが起きることもある。それを仲裁するために国家をつくった、と考えたんです。

ロックの思想を受け継いだのが、フランスの思想家ルソー（一七一二〜一七七八年）です。ホッブズと、ロックやルソーの思想は人間が自然状態にあったときに闘争していたのか、平和だったのかという前提条件が大きく違うことから、導き出される思想も異なっています。

人間の世界が神から解放されるまで

ホッブズやロックは、理論を組み立てる前に、人間の自然状態を定義しました。ではなぜ人間の自然状態から考えたのか。時代をさかのぼって説明します。

キリスト教がローマ帝国の国教になったのは三九二年、テオドシウス帝の時代です。その後、ローマ帝国ではほかの宗教や異文化が排斥されるようになりました。ゼウスを崇《あが》める祭典だった古代オリンピックが中止になり、異教神殿も閉鎖されました。

さらに五二九年にはユスティニアヌス帝が、アテナイにあったアカデメイアとリュケイオンという二つの権威ある学園を閉鎖してしまいます。「聖書以外の本は読むだけ時間の無駄だ」ということでしょう。第2章でもお話しした通り、アカデメイアはプラトンが、リュケイオンはアリストテレスが開いた学校です。当然、そこで研究をしていた学者たちは職を失いました。彼らがプラトンやアリストテレスらの著作を携《たずさ》え、職を求めたのは、サーサーン朝ペルシアのジュンディーシャープールにあった学校です。彼らは、そこで研究を続けました。つまりプラトンやアリストテレスの文献はペルシアに引き継がれたのです。その後、サーサーン朝はアラブに倒され、これらの文献はアラブ人の手に渡りました。アラブ人は、知りたがりやの民族なので、これらをすべて翻訳します。

人類の翻訳運動には二つの大きな波があって、ひとつはサンスクリット語で書かれていたインドの仏典の漢訳です。『西遊記』は、中国のお坊さんがインドに仏典を求めて旅をする物語です。次がプラトン、アリストテレスを代表とするギリシア・ローマの文献のアラビア語訳です。ぼくはこれに現代の日本の翻訳を加えて、世界の三大翻訳運動と呼んでいます。日本の翻訳はまだ歴史的には評価されていないのですが、ありとあらゆるものを翻訳しています。今回の講義で取り上げている「古典新訳文庫」もそのひとつです。

話を戻しましょう。ギリシア・ローマの文献がアラビア語に翻訳された結果、イスラム世界ではそれを研究する人たちがたくさん現れました。そのうちの一人がイブン・スィーナー（九八〇〜一〇三七年）です。彼はプラトンやアリストテレスの理論をイスラム神学に導入し、ものすごく精緻なものにします。コルドバで生まれ、モロッコで宮廷医となったイブン・ルシュド（一一二六〜一一九八年）もアリストテレスの文献を研究して、イスラム神学に貢献しました。もちろんこの二人はイスラム教徒です。

八世紀からイスラム国家による支配が始まっていたスペインには、アラビア語で書かれたプラトンやアリストテレスの著作、イスラム学者たちの著作が膨大に入ってきました。スペイン南部に位置するコルドバは、イスラム国家の後ウマイヤ朝（七五六〜一〇三一年）の首都で、学問の集積地でもありました。マドリードから南に七五キロくらいのところにあるトレドは、キリスト教支配とイスラム教支配の境界となっていた場所で、後ウマイヤ朝が滅んだ後の一〇八五年にカスティーリャ王アルフォンソ六世がこの地を取り戻します。そして、これらの文献をラテン語に翻訳することを命じたのです。ここで五〇〇年ぶりに、ギリシア哲学がヨーロッパに里帰りしました。

この翻訳に従事した人たちはトレドの翻訳学派と呼ばれています。この時代は、地球が温暖化して生産性が上がったこともあって文化的な活動が盛んに行われました。二〇世紀の歴史学者、チャールズ・ホーマー・ハスキンズは、この時代を一二世紀ルネサンスと呼んでいます。

そして一三世紀になり、トマス・アクィナス（一二二五年頃〜一二七四年）という天才的な学者が生まれました。彼はプラトンやアリストテレスの著作やイブン・スィーナー、イブン・ルシュドの著作を読み込んで、現世の世界のことはもうプラトンとアリストテレスによって整理できていると考えました。この世の真理は、ギリシア哲学によって理解できる。でも宇宙のことは、ロケットも飛行機もない時代でしたから、観察できません。死後の世界のことも、死後甦《よみがえ》った人はイエス以外に誰もいないからわからない。そこで宇宙や死後の世界の真理を究めるのが神学であると考えたのです。トマス・アクィナスは、「哲学は神学の端女《はしため》である」と言いました。端女とは、召使の女性のことです。神学は、哲学よりも上位にあると。こうして神学の世界に近いローマ教会は、最も権威のある存在だと理論づけたのです。すごくきれいにまとまったでしょう。こういう賢い人の考えがずっと伝えられてきました。

サイエンス思考の誕生

流れが変わったのは、一四世紀に起きたパンデミック、ペストの大流行です。ヨーロッパでは人口の約六〇%が死亡したと言われています。

そんなことがあると人間はどう考えるか。死後の世界のこと、天国のことを研究しても、こんなに人が死んでいくのなら、現世のことをもっと楽しんだほうがええんちゃうか、となる。明日死ぬかもしれないんやったら、貯金するよりおいしいものを食べて、きれいな服を買おうと考えるのが人間の常です。そこで神から人間が解き放たれるのです。それがイタリアのルネサンスにつながりました。

それまでの社会はキリスト教の教えがすべてだったので、イエスが誕生する以前のことを考えようとしない。神の世界は三位一体で、天なる神とは父です。天であり父である神と、子であるイエス。その間をつなぐ精霊。それはすべて同じものだという三位一体説がキリスト教の教義です。すべては神がつくったという前提ですから、それ以前のことは考えない。

ところが、神の世界と人間の世界が分かれて、神から解放されて自由になると、イエスが生まれる前、人間が初めて地球に誕生した頃は、どんな世界だったのかと考えるようになります。だから人間の自然状態はどうだったのか、という議論になるのです。

ホッブズやロックが、人間の自然状態から考えた背景には、こういう流れがありました。ロックは、宗教と政府を峻別した人でもあります。

ヨーロッパ革命につながったロックの思想

ロックの時代の前後には、政治学や国家論、人間の自由や民主主義、憲法のことなど、さまざまなことが議論されています。ロックの思想はルソーへと引き継がれ、形となったのがフランス革命です。ルソーは『社会契約論』を書き、主権は人民にあることを繰り返し述べます。人間は理論がないと行動することができない。腹落ちして初めて動くんです。

ロックの思想は、さらに一八〇四年にナポレオンが公布したフランス民法典（ナポレオン法典）にもつながっていきます。フランス民法典の肝は、所有権を明記したことです。ロックもこの本のなかで所有権について書いていますが、法律で初めて所有権を明文化したのはフランス民法典です。所有権が認められたことで、資本主義経済が機能するようになりました。先に少し触れたネーションステート、国民国家という概念が生まれたのもこの時期です。それまではフランスの人たちは自分たちのことをフランス人だとは思っていませんでした。フランス国家という概念もなく、せいぜい「〇〇家の領地」「〇〇公爵の領地」という認識しかもっていなかったのです。わかりやすく言えば、「想像の共同体」ですね。

ロックが唱えた自由と財産、生命を守るための仕組みは、フランス革命を経て、自由と民主主義を基本として個人の財産権を認めるようになり、ネーションステートが成立し、一八四八年に起きたヨーロッパ革命で制度としてほぼ完成しました。その枠組を今の近代国家はすべて使っています。だからロックは「自由主義の父」「民主主義の父」と言われるようになったのです。

連合王国やアメリカは、ロックの考えをもとにして国家をつくっていますから、今でも「自分たちの言うことを聞かない政府は次の選挙で入れ替えればいい」という考えが強く残っています。

ところが日本では、政府が市民に対立する強い権力組織のように考えられているようです。日本のメディアもそのように報じることがよくあります。国家権力に抵抗するためにデモをする、というのは国家の権力が強大なものと考えているからです。これは、ホッブズの考え方に近いとわかりますね。ロックの社会契約説の基本的な考え方では、人間は自由であり、政府は自分たちがつくるもので、今の政府がイヤならみんなで選挙に行って、ノーをつきつければいい。これがまさに民主主義の考え方です。

出口治明さんが選ぶ「あわせて読みたい」ブックガイド

ルソー
中山元＝訳
『社会契約論／ジュネーヴ草稿』
光文社古典新訳文庫

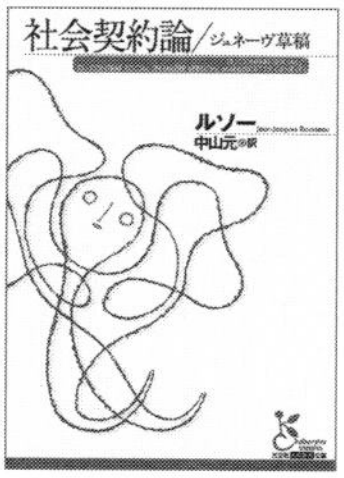

人は自由なものとして生まれたのに、いたるところで鎖につながれている。家族は、支配者は、人をどう縛り付けているのか。社会と主権をもつ市民とは、どのような関係であるべきなのか。ルソーは政権のあり方から宗教との関わりなどあらゆる場面において「主権は人民にある」状態を定義し、フランス革命にも大きく影響を与えた。

ルソーは、ロックの影響を受けてこの本を書きました。ロックはイングランドの名誉革命のイデオローグ（思想的代表者）であり、ルソーはフランス革命のイデオローグであると言われ、社会契約論の双璧をなす二人です。ロックが常識的な人だということは、『市民政府論』を読んでいるとわかります。ところがルソーはわりと尖《とが》った人で、思想面で激烈なところがあるんです。個性とも言えるのですが、当時のイングランドとフランスの違いによるところも大きいと感じます。前提となる社会条件がまるで違っていたからです。イングランドでは一三世紀から議会政治が根付いていました。市民の選挙によって選ばれた人が議員を務め、議会によって重要なことを決定するという仕組みがあったんです。だからイギリスは社会を少しずつよくしていくことができました。ところがフランスでは絶対王政が続いていましたから、市民が政治に参加するためには一度すべてを壊す必要があったんです。名誉革命は無血革命でしたが、フランス革命ではたくさんの人が血を流しています。

ルソーはほかにもたくさんの著作を残しました。教育論を述べた名著『エミール』や『人間不平等起源論』もあります。『人間不平等起源論』は、原始状態は誰もが平等だったのに、なぜ今は不平等なのかと考え、その間をつなぐための答えを出しました。ルソーは日本でも人気で、ルソー全集も出ています。

ミル
斉藤悦則＝訳
『自由論』
光文社古典新訳文庫

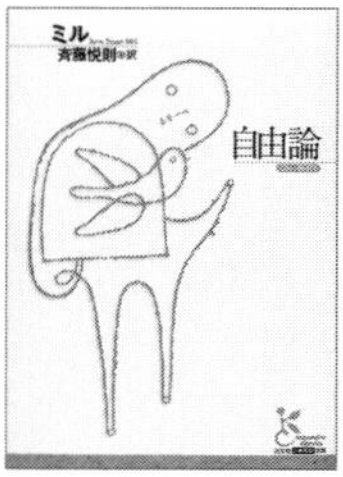

イングランドの哲学者で経済学者でもある著者は、自分の意見をもつ自由、その意見を率直に表明する自由は、人間にとって絶対に必要なものであると述べる。しかし古代ギリシアから、自由と権威の対立は存在していた。果たして自由は、権威や権力とどう対峙すべきなのか。さらにミルは、個人の自由を人民自身が阻害することもあると指摘。自由を尊重する思想や言論とはどうあるべきか、社会による統制、個性のあり方など、イギリスだけでなくロシアや中国の例を引きながら論じる。

ロックは自由主義、民主主義の父と言われますが、どちらかといえば民主主義のほうに興味がありました。ミルはその前提条件である自由とはどういうことなのかを論じています。自由主義に関しては、この本が一番の古典です。

トーマス・ペイン
小松春雄＝訳
『コモン・センス　他三篇』
岩波文庫

イングランドで生まれたトーマス・ペインは、三七歳のときに当時イングランドの植民地であったアメリカに移住。この頃イングランドは、アメリカに対し自国に有利な法律を押しつけるなどしたため、アメリカはイングランドに大きく反発したが、国民の多くは独立を志向するほどではなかった。風向きを変えたのは、ペインが書いた『厳粛な思い』（本書収録）という一文で、ペインはイングランドのインド支配やインディアン政策を厳しく批判し、いずれアメリカが独立することを予言。これが一七七六年に発表した『コモン・センス』につながる。当時アメリカでは独立を口にすることはタブーだったが、ペインは『コモン・センス』の中で王政と世襲制を非難し、イングランドとの関係を見直すことを力強く説得した。独立戦争で士気を鼓舞するために書いた『アメリカの危機』も収録。

イングランドの名誉革命からおおよそ百年後にフランスのフランス革命とアメリカの独立戦争が起きました。独立戦争も一種の革命です。独立戦争のイデオローグになったのがこの本で、アメリカの独立戦争がどういうものであったかがよくわかります。ペインは、ロックやルソーの影響はもちろん受けています。時系列でいうと、アメリカの独立戦争があり、そのあとにフランス革命が起きました。

三谷博
『愛国・革命・民主
日本史から世界を考える』
筑摩書房

歴史学者の著者は、明治維新は死者が少ないにもかかわらず、既得権益をもつ武士たちがその権利を手放した大革命だという。フランス革命と比較しても死者の数は圧倒的に少ない。しかし世界の革命についての研究で明治維新が取り上げられることはほとんどない。革命とは、君主制を打倒することだという思い込みが強く、天皇が政権の座に復帰して政治社会が再編成された明治維新はそこに当てはまらないのだ。著者は、ナショナリズムを「ある国家を基準にして、『我々』と『他人』を差別する心の習慣」と定義し、日本や中国、キリスト教世界やイスラム世界、インド世界におけるナショナリズムのあり方を比較分析する。近代において、日本にとっての中国、ドイツにとってのフランス、アメリカにとってのイングランドはどういう存在であったか。それが国家の形成にどのような影響を及ぼしたのか。著者は歴史を丹念に掘り起こすことで、日本がどうあるべきか、他国とどんな関係を築くべきかを考察する。

明治維新までの革命をしっかり総括した本で、現代の歴史学者が民主主義や自由や革命をどう考えるのかが概論としてわかります。とてもいい本です。

質疑応答　教えて！　出口さん

質問1　**六世紀にキリスト教の聖職者がギリシア哲学を排斥し、それがアカデメイアとリュケイオンという二つの学園の閉鎖にもつながったという時代背景をもう少し詳しく知りたいです。**

出口　時代をさかのぼって説明します。二世紀の中頃から地球が寒冷化したことで、ユーラシアの遊牧民が大移動を始めました。その人たちが東西に分かれて、当時の中国とローマ帝国に入ってきたのですが、もともと中国に住んでいた人たちは長江の南に逃げて、北を遊牧民に明け渡したんです。一方のローマ帝国は、未開の地の西を明け渡して、高度に文明化された東を守りました。それは正しい選択だったのですが、ユスティニアヌス一世という夢想家の皇帝は、「アウグストゥス（初代ローマ皇帝）のときはスペインまで持っていたのに」と愚かなことを考えたわけです。そんな指導者って現代にもいますよね。現実を見ずに過去の栄光にとらわれてしまう。ユスティニアヌス一世は、失われた西半分の領土を復活させようとしました。でも蛮族がローマ街道をズタズタにしていたために現地の情報が得られない。だけどキリスト教の施設は残っていました。蛮族も宗教施設を壊すのはためらうのです。「祟るぞ」と言われたらイヤでしょう。そこでキリスト教のネットワークを利用しようと考えたんです。

ユスティニアヌス一世は、コンスタンチノープルの大主教を呼んで、協力を呼びかけました。大主教は、「何でもします」と答えます。「よしよし。それならお前らの希望を聞いてやろう」「聖書以外のことを教える学校がアテナイに二つあるのは由々しき問題です」「わかった。すぐつぶしてやる」と。大体このような感じだと理解すればいいと思います。

質問2

ロックやルソーの理論が、アメリカの独立戦争やフランス革命に影響したということですが、当時、彼らの理論はどういう形で市民に伝わったのでしょうか。

出口

いわゆるアジビラのようなものがどんどんばらまかれたんです。それが市民を奮い立たせました。つまり思想が行き渡るためには、印刷技術と識字率の高さが必要なんです。イングランドやアメリカ、フランスは先進国でしたから、当時、すでに印刷技術が広まっていましたし、識字率も高かったんです。

人間の集団は、二〇％ぐらいが頑張って、六〇％は日和《ひよ》っている。二〇％ぐらいはさぼっているというのが一般的な構成だとよく言われます。革命も二〇％の人が動けば起こせるんです。イギリスの名誉革命も、アメリカの独立戦争やフランス革命も、そういう二〇％ぐらいの人が「そうや、その通りや」と腹落ちしたからできたのです。革命と聞くと、一〇〇人中一〇〇人が動かないとできないように思うかもしれませんが、歴史を見ているとそうではなく、強い信念を持つ人がいたら五％や一〇％でも起こすことができます。

今の日本でも自民党の絶対得票率は二〇二一年の衆議院選で約二六％です。単純にいうと、それくらいの票で議会で多数が取れるということ。政府を取り替えるときも、全員が動かないとできないわけではなく、特に日本のように小選挙区制であれば、二〇％ぐらいの人が信念を持って投票したら変わるんです。

質問3　人間は理論がないと行動できないというお話がありましたが、実際に革命の

歯車が回るときには、理論だけではなく感情も必要で、沸《わ》きたつような情動がないと人は動けないのではないでしょうか。

出口　その通りです。理論で動く人がだいたい二〇％として、さらに六〇％を動かすために、感情を刺激するんです。フランス革命のときもマリー・アントワネットが「パンがないならお菓子を食べたらいいのよ」と言ったという話が流れています。マリー・アントワネットが本当にそんなことを言ったかどうかは定かではないのですが、一部の人たちが「マリー・アントワネットはこんなことを言っている」とアジビラに書いて配った。すると六〇％の人たちも怒って大きな力となり、王族への実力行使となりました。

だから人間は感情で動くというのはその通りです。ただし理論がなく、一時の感情だけで起こした革命や騒動は、だいたい短期間で鎮圧されて終わります。でも、きちんとした理論に基づいた行動であれば、仮につぶされたとしても生き残るんです。

会社でも、理論的に正しいことを言った人が社長につぶされたとしたら、それを見ていた人は、次は社長をつぶしてやろうと思って機会を待ちます。でも社長に叱られてカッとなって、社長を殴ってクビになった、という人のことは誰も気に留めないでしょう。

人間は感情で動くこともあるのですが、それだけだと誰もついて来ないんです。人間は、腹落ちして初めて信念を持って行動できるのです。

革命やクーデターというのは、湧き上がってくる感情が原動力になっているように見えますが、理論を組み立てて準備をした人がいるからこそ成功するのです。

質問4

ロックは「聖書にはこう書いてある」という書き方をよくしています。聖書を原典のように扱っているのは、英国国教会の批判をかわそうという意図があったのでしょうか。また当時、実際に批判を受けることもあったのでしょうか。

出口

この本を注意して読めばわかるのですが、ロックは都合のいいところだけ聖書にもこうある、と書いているケースがほとんどです。自分のロジックを完璧に構成しているので聖書を引用する必要はなかったのですが、当時は、誰もが聖書を信じていましたから、「ちなみに聖書にもこんなふうに書いてあるで」と、聖書を利用することで理解の助けとした。会社で自分の意見を伝えるときに、「社長もこう言ってるで」と都合よく社長を利用することがあるでしょう。それと同じです。

一六世紀の宗教改革のとき、イングランドにはヘンリー八世という王様がいて、国王至上法という法律をつくって「英国国教会の長はローマ教皇ではなくて国王だ」と宣言しました。これは自分が離婚するためだったと言われていますが、実際は、教会の資金を横取りしたかったのです。そういう王様に、英国国教会は仕切られることになりました。

イングランドの国教会で、王様がローマ教皇の代わりができたのは、イデオロギーにはそんなにうるさくない国柄だったからです。イングランドの人は根が商人で、フランス人のように観念論ではなく、経験論で動くのです。そういう実利的な国で、ヘンリー八世が国の教会をつくり聖職者たちは王様の家来になりました。だからそれほどキリスト教を大事にしない教会組織なんです。ロックはキリスト教に気を遣っているようにも読めますが、形だけです。これがローマ教会だったらもっと忖度しないといけなかったでしょう。

質問5 **ロックの考え方は、中国の易姓革命と似たところがあるように思いましたが、いかがでしょうか。**

出口 とても鋭い意見です。だからやっぱり中国はすごいと思います。易姓革命というのは、二〇〇〇年以上前に孟子が考えたものです。王様が悪いことをしたら天が怒るから天候不順になると。すると凶作で食糧不足になって農民たちは困ります。そこで農民たちは反乱を起こして新しい王朝を開くのだ、という思想です。

孟子はこのとき、気候と天の意志を結びつけました。要するに主権は天にあって毎日下を見ながら、今の王様がひどいなと思ったら、飢饉を起こしたり、大雨を降らしたりして警告すると。それでもよくならなかったら、政府を転覆させる権利があると。

論理構造はロックと一緒ですが、ロックは合理的ですから、天の命令も気候も一切介在させずに人間の権利だけでロジックを構築しました。違いはありますが、悪い人が支配する政府はひっくり返してもいい、という人民主権の考え方はどちらにも共通しています。孟子の思想はルソーの思想ともすごく近い。

人間の脳はほとんど進化しておらず、考えることはだいたいパターン化されている、ということでもあります。

質問6

一八四八年にヨーロッパ革命が完成したという話がありました。その約七〇年後の一九一七年にロシア革命が起こったのですが、ロシア革命とヨーロッパ革命は、根本的に違うところがあるのでしょうか。ロシア革命も形式上は人民主権でできあがったと言われることもあります。

出口

ヨーロッパ革命は、自由主義や民主主義、政教分離という考え方が普遍的なものとして多くの人に受け入れられて、みんなが腹落ちしていたから続いています。ロック、ルソー、トマス・ペインと、理論づける思想家が続々と出てきたのは、これらが思想としても面白く、多くの人々の共感を集めたからです。

ロシア革命はカール・マルクスの階級史観がベースにあり、能力のある人は働いて、必要に応じて生産物を受け取るという思想です。しかしスターリンが一国社会主義をつくって、共産党の独裁が始まったときに、市民の共感を得ることができなかったのではないでしょうか。市民は「本当に正しいことなのか」

と疑問を感じていたのだと思います。

だから共産主義はマルクス・レーニンの後に続かなかった。もととなっている階級史観は一世を風靡《ふうび》したのですが、正確ではないのです。階級史観は、歴史は階級間の争いでつくられている。古い階級が倒されて、新しい階級が生まれて、世の中はどんどんよくなるという一見、ものすごくきれいな理論ですが、歴史に当てはめるには無理があります。

たとえば、平安時代は貴族が横暴を極めていたとされています。平時忠の「平家にあらずんば人にあらず」という言葉はその象徴です。それに対して源氏がいた東《あずま》は田舎です。刺身の「つま」というでしょう。京都や奈良から見たら北のはずれが東で、南のはずれが薩摩です。そういう辺境の地で頑張っていた源氏が、平氏政権を倒して、きらびやかな平安文化に対して、質実剛健の鎌倉文化を開いたと一刀両断するとわかりやすいでしょう。これが階級史観にもとづく解釈です。平家が滅んだのは貴族の真似をしたからで、源氏は地方の武士の代弁者として台頭した。古い貴族階級を新しい武家階級が倒した階級闘争ということになっていました。

だけど武家政権をつくったのは平清盛で、源頼朝は真似をしただけです。鎌倉文化は、源実朝の『金槐和歌集《きんかい》』に象徴されるように雅《みやび》な文化でした。運慶の東大寺の南大門の像だけが注目されているから、質実剛健とされているのです。鎌倉新仏教もほとんど流行っておらず（第5章で詳しくお話しします）、浄土宗や禅宗が受け入れられたのは戦国期でした。歴史の解釈はこのように進化しています。

平安時代から鎌倉時代へと移る過程が歪められたのは、マルクス史観、階級史観に当てはめると、きれいでわかりやすいからです。マルクスの理論は、ロックやルソーの理論と比べてあまりにも理想主義的で、人間に合ってなかったので長続きしなかったと考えるといいのではないでしょうか。

ロシア革命が七十数年で終わったのは、理論的根拠が弱かったということです。それを信じる人が少なかったということに尽きると思います。つまり普遍的ではなかった。ただし先のことはわかりません。百年、二百年後に、共産主義の国家が誕生する可能性はあります。

質問 7

ヨーロッパ革命、ロシア革命ときたので、明治維新についても解説していただけないでしょうか。

出口

これまで歴史学会では、外圧に対抗して何かが生まれたと考えていました。ペリーの砲艦外交で圧力をかけられたからやむを得ず開国し、明治維新が起こったとされています。ところが『「連動する」世界史　19世紀世界の中の日本』（南塚信吾、岩波書店）という本では、明治維新はフランス革命からの自由と民主主義という世界的な潮流が世界に伝播し、土着するプロセスであったとしています。

さらにこの本では、世界史の動きを緊張と緩和でとらえます。人間は常に緊張し続けることに耐えられない。会社で緊張していたら家ではリラックスしたいでしょう？　当時の世界を仕切っていたヨーロッパの列強は、クリミア戦争に集中していましたから、東アジアには注意を払っていませんでした。

そのときにペリーが日本にやってきた。当時の老中、阿部正弘はよく考えて、ベストの対応をしたと思います。なぜそれができたかといえば、時間的な余裕があったから。クリミア戦争がなくて、ヨーロッパ列強がアジアに目を向けていたら、ペリーが来た時点ですぐにイングランドもドイツも軍艦を派遣して、ガンガン大砲を撃ったはずです。だけどそうではなかった。東アジアが「緩和」の時期にあったことが日本にとってはラッキーでした。

ところがクリミア戦争後、ヨーロッパが安定すると、緊張はアジアに向かいました。それが日清戦争です。日清戦争の後、ドイツとロシアとフランスによる三国干渉があって、さらにヨーロッパ列強はアフリカや中東に向かいます。緊張が移っていったということです。でも英仏協商が成立してまた緊張が緩和すると、再び緊張はアジアに移り、日露戦争が起こった。日露戦争はロシアを応援するフランス、ドイツと、日本を応援するイングランドの代理戦争で、ヨーロッパ列強がそうして応援する余裕ができたから起きたのだと。

世界史を、緊張と緩和というキーワードと、世界の潮流がそれぞれの国に土着していくプロセスだととらえるのは、なかなか興味深い史観です。ぜひ読んでみてください。

質問 8 **ヨーロッパ革命が起きて、ロシア革命があり、明治維新という流れをお話しいただいたのですが、世界で革命が起きていない地域があるのは、宗教的な理由からでしょうか。**

出口 革命はほとんどの地域で起きています。中東でも「アラブの春」という革命が起きました。ただしうまく根づかせることができず未完とも言えます。これは社会的条件にもよるのです。二〇％の人が信念を持って行動を起こせば、社会を変えられるという話をしましたよね。でも、行動する人が極端に少ないとなかなか根づかせることができません。

アフリカが一番わかりやすいのですが、革命を起こして独立する。その独立を契機に、国連などの機関や多くの国が、インフラを整備するためにお金を渡す。すると支配層が、もらったお金のいくらかを自分のポケットに入れてしまう、ということがよく起こります。

アフリカでは支配層が育っていない。それではいつまでたっても社会はよくならないのです。ヨーロッパがアフリカを植民地化したとき、単に収奪しただけで、現地の人たちを教育しなかったからこういうことが起こる。世界で革命を経験していない地域はほとんどないのですが、成功するかどうかは、社会の条件によるというのは、こういう理由からです。

質問 9

人間は理論があると強いということですが、私は情に訴えるタイプで、理論武装があまり得意ではありません。うまく理論を組み立てるにはどうすればい

いでしょうか。

出口

以前、「上司の言動が、どう考えてもパワハラそのものです。どうしたらいいですか」と相談されたことがあります。会社のしかるべき部署に相談したらどうですか、と答えたら、「チクるなんてできません」とおっしゃる。そこで「会社に相談できる部署や窓口があるのは、パワハラをする人間がいて周囲が迷惑するようでは、組織として困るからです。会社も真面目に働いている人に損をさせる制度や、正当性がない行為を助長するような制度をつくるはずがないでしょう」と言うと納得してくれました。そのように理屈が肚落ちできたら人は動く。そのためには数字、ファクト、ロジックです。この例でいうと、ファクトとロジックで説明しました。何かを考えるときにも、つねに数字、ファクト、ロジックを意識してください。

質問10

この本で、政治的共同体は人格的に優れた人がリーダーになって始まるけれど、そのうち人格者でないリーダーが私利私欲を優先するようになり、次第に傾いていくとあったのですが、ローマが共和政から帝政に変わっていく段階

で、カエサルやオクタウィアヌスは、どう考えていたのでしょうか。元老院はそれを防ぐために帝政になるのを渋っていたのでしょうか。

出口

元老院がやっていた共和政は、直接民主政です。カエサルは、自分は破天荒だけど、自分の友だちはみんな立派な人だと思っていた。この頃の支配階級は、ほとんどがストア派の人々で、要するに、贅沢をしないで一所懸命仕事をする人がほとんどでした。だからうまくいったんです。直接民主政はアテナイもそうですが、都市国家としての発想から生まれたもので、小さい共同体では成立しますが、規模が大きくなると難しくなる。

カエサルは皇帝になりたかったというよりは、ローマが大きくなりすぎてこのままの体制では無理だと考えた。だから元老院がある程度議論したら、最後は責任者である自分が決めるという体制にしたんです。官僚組織や軍隊をしっかり置いて、その責任者に自分がなると。そういう中央集権体制にしないとうまくまとまらないと考えたのではないでしょうか。スタートアップ企業も大きくなると組織化して、管理職に権限を与えていきますよね。

秦の始皇帝やウマイヤ朝を築いたムアーウィヤも同じようなことをしていま

す。みんなでワイワイガヤガヤやっていたらもたない。大帝国は、組織をつくらないと支配できないんです。ウマイヤ朝の前、イスラム帝国の三代目カリフ、ウスマーンは首都のマディナに住んでいました。イスラム教では人は平等ですから、カリフであっても長屋暮らしだったのですが、あるとき兵隊がやって来て「お前のいうことはめちゃくちゃだ」と言って暗殺するんです。直接民主政だと指導者と兵隊が直にやりとりできますから、そういうことも起こりうる。そこでムアーウィヤは「これではダメだ。やっぱり封建制をつくろう」と考えて、ウマイヤ朝を開いたという経緯があります。

カエサルも政権を安定させるためには、直接民主政を続けるより強い政府をつくるほうがいいと考えたんでしょう。だから強い政府、つまり独裁という統治方法にしたんです。ロックのように人間が平等だと考えたら、一人の皇帝が治めるという発想にはなりません。もしカエサルがロックの理論を知っていたら、どういう政治をしたかと考えてみるのも面白いですね。

質問11

『市民政府論』は市民と政府のあり方について述べていますが、今の時代に当てはめると、企業が社会において大きな役割を担っていると思います。市民

と企業、政府と企業の関係について、出口さんはどう考えますか。

出口　なかなか難しい問題です。政府を超えて大きくなる企業がどんどん生まれています。ロックは、市民が契約して国をつくったのだから、市民はダメな政府を取り替えることができると考えた。その国の中に企業があって、企業で働いている人イコール市民ということですから、市民と国の関係さえきちんとしていれば、企業は好きにやったらいいと言うことができた。国は企業から税金を取ればOKだと単純に考えることができたんです。

ところが現在は、グーグルの年間予算の十分の一程度の国家予算の国が山ほどあります。グローバルに展開し、政府より大きな企業が出てくると、市民と国の関係も変わるのです。理論的に考えたら、国を超えた大きな企業には、共通の税制や規制を適用する以外の解はないでしょう。共通にしなければ、規制がないところに企業は移っていくに違いないですから。

これはとても大きな問題です。たとえば、銀行の自己資本比率のBIS規制(国際統一基準)のように、グローバルでルールを決める。G20という司令塔をつくってやろうというのは、企業の活動に人間の知恵が対峙するということとです。でも、まだよく整理されていません。

ですから、みなさんが二一世紀のロックになって『市民企業論』にチャレンジしてください。一〇〇年後に「これが古典だ」と言われるかもしれません。

ぼくも応援しますから。

Q 読書中、あるいは読書後に記録をつけますか？

出口 まったくしないですね。本は面白いから読むので、あとで何かに役立てようとは思っていないんです。だけど新聞の書評委員をやっていると、掲載前に担当者がチェックしますから、書評の内容について「この表現は何ページにありましたか」と質問がくるんです。ぼくはこういうのがあったなと思って書いているだけなので、あとで探すのが大変で。だから書評を書くときは、原稿で使いそうなところはページの角を折るようになりました。だけど読書ノートのようなものをつくったことはないです。めんどくさがり屋なので。
記録を残したいのであれば、ブログやSNSなど、誰かが読むことを前提として書くといいと思います。そうすれば無意識に頭の中を整理しますから。自分しか読まないものを書くのは、脳の整理のレベルが疎かになるんです。家にボーイフレンドか、ガールフレンドが遊びに来る日の掃除と、誰も来ない日の掃除は力の入れ方が違いませんか？　ブログやSNSは、ボーイフレンドか、ガールフレンドが遊びに来る前の掃除のようなものです。誰かが見ることが前提ですから、しっかりと整理できる。書くことに注ぐ熱量が違ってくるはずです。

第5章

『歎異抄《たんにしょう》』

唯円＝著　親鸞＝述　川村湊＝訳

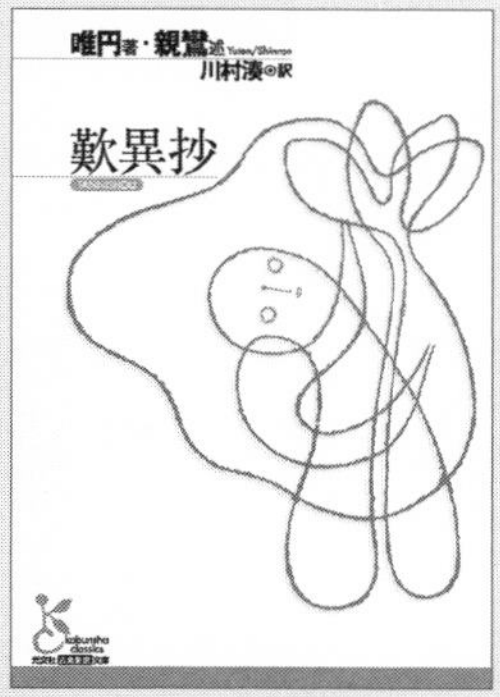

日本人と宗教のあり方を考える

浄土真宗の開祖・親鸞聖人の教えを弟子の唯円が親鸞の死後に著したもの。親鸞は、法然のただひたすら「南無阿弥陀仏」と唱えればよいという教えからさらに進み、一心に阿弥陀如来の救いを願うことだけに専念すれば救われると説き、善行を積むことや悪行を犯さないという条件は一切求めない。自分の力で何かをしなくていい「他力本願」を説く。

仏教の歴史を学ぶべき理由

今回は『歎異抄』を取り上げます。訳者の川村湊《みなと》さんは、現代語訳に際し、口語調で書かれた原典に近い形で表現しようと、関西弁による現代語訳を試みています。この面白さは実際に読んで、感じていただくのが一番なので、今回は仏教の歴史を中心に、なぜこの『歎異抄』が生まれるに至ったかという話をしていきます。

仏教のことは、知っているようで実はよく知らないという人が多いのではないでしょうか。

仏教が生まれたのはBC五〇〇年前後と言われています。第2章でお話ししたように、孔子が生まれ、ブッダが生まれ、その少し後にソクラテスやプラトンが生まれ、知の爆発と言われた時代です。世界中で歴史に名を残すような学者が出現したのは、この時期に地球が温暖化して、農業の生産性が高まり、人類が豊かになったからです。

インドのガンジス川の流域も農業が発達していました。牛に鉄製の犂《すき》を引かせていましたから人間が田畑を耕すよりも、はるかに生産性が高い。そこで農民や商人などのブルジョワジーが力をもつようになります。

当時、このあたりで国をつくっていたのは、アーリア人と呼ばれている人々でした。彼らの祖先はBC一五〇〇年前後にカスピ海の北のほうから南下して、インドに入りました。そのとき、カスピ海の西岸、今のアゼルバイジャンのバクー地方を通ったのではないかと思います。あのあたりは石油の産地で、自然発火している様子を見ることができた。地面で火が燃えていて水をかけても消えない。不思議です。彼らはそれを神様の仕業だと考え、火に対する信仰が生まれます。これがバラモン教です。彼らはバラモン教をインドに持ち込みました。

バラモン教は、人々を四つの階層に分けます。いわゆるカースト制度で、最上位の司祭者階級がバラモン、司祭やお坊さんたちです。バラモンは、バラモン教のお祭りのときに畑にやってきて牛を奪います。神様への供養に必要だからです。ブルジョワジーは使用人を使って、牛に犂を引かせて田畑を耕していましたから怒ります。彼らは当然、抵抗するのですが、バラモンは「神様が牛を欲しがっているんやで。お前は神様に抵抗するのか」と言うんです。ブルジョワジーは理屈がなく、うまく抵抗できなかった。牛を諦めるしかありませんでした。

だけど神様は牛を食べないんです。牛を焼いて、その匂いと煙を神様に捧げて、実際に食べるのはバラモンたちです。彼らは宴会をして、自分たちから奪った肉を食べています。頭にきますよね。

そこに登場したのがブッダとマハーヴィーラです。ブッダは「無益な殺生をしてはいけない」と教えました。ブルジョワジーが、すぐ仏教徒になるのはわかりますね。バラモンがやってきても「私は仏教徒です。ブッダの教えでは、生きものを殺すことは許されません」という理屈で対抗できます。神様には神様で対抗したのです。仏教は、豊かなブルジョワジーの間で爆発的に広がりました。だから都市の宗教になります。

輪廻転生、疲れませんか

そもそもブッダが、なぜ生きものを大事にしようと考えたかといえば、次に生まれ変わるかもしれないからです。当時のインドでは、輪廻転生という回る時間を前提にしていました。これは太陽の観察から生まれた時間のとらえ方です。太陽は朝、昇って夜になると沈む。それを毎日観察していると、太陽にはどんどん高くなり元気になる時期と、低くなって元気がなくなる時期があるとわかります。夏至と冬至は、その境目の日です。春が来て夏、秋、冬が来て、また春が来るというのは時間が回っている、円環しているということになります。太陽も元気になったり、元気がなくなったりする。こういうふうに時間を理解すれば、人間の一生も回っていて、死んだ後もまた生まれ変わるに違いないという考え方が自然と成り立ちます。

だけど輪廻転生というのは、よく考えると大変です。人生は楽しいことばかりではなくて、好きな人にフラれることもあれば、仕事に失敗することもあります。二、三回なら生まれ変わってもいいかもしれないけれど、永遠に生まれ変わるのはちょっとしんどいな、と。ぐるぐる回り続けるのは、「二四時間働けますか?」と言われているみたいでイヤでしょう。そこで輪廻転生からなんとか抜け出せないかと考えるようになります。こうした悩みに応えるためにブッダは、「涅槃」や「解脱」を説きました。

敗れたバラモン教がヒンドゥー教に生まれ変わる

「無益な殺生をしてはいけない」という仏教の教えが、都市部のブルジョワジーたちの支持を集めたために、バラモン教は都市にいられなくなりました。そうなると地方を目指すしかありません。そこでバラモン教は変質していきます。それまでは難解な教えもいっぱいあったのですが、地方で難しいことを言っても理解されません。そこで教義を思い切ってシンプルにしました。「シヴァ神万歳」と言えば天国へ行けます、と。「シヴァ神万歳」と言うだけでいい思いができるのだったらたくさんの人が集まります。わかりやすい教えは、信者を獲得しやすいんです。

こうして難解だったバラモン教は、ヒンドゥー教という大衆の宗教に生まれ変わりました。ヒンドゥー教は、拝む対象もものすごくシンプルです。インドには、インダス文明の頃から「リンガ」という男性の生殖器を模した土像を崇拝する風習がありました。シヴァ神の代わりにリンガを拝んでもかまわないと言うんですから、めちゃ簡単です。ヒンドゥー教は、地方であっという間に人気を獲得しました。駆け足で説明しましたが、これがヒンドゥー教の誕生です。そして地方でヒンドゥー教を信じていた人たちが、都市に出稼ぎに行くようになり、都市にヒンドゥー教が入ってくるようになります。

ヒンドゥー教が仏教の脅威に

そこで仏教はどうしたか。当時の仏教は二つに分かれていました。上座部《じょうざぶ》と大衆部《だいじゅぶ》です。上座部は、上座に座る長老たち、大衆部は若い人たちで構成されていました。

分裂した経緯はこうです。出家した人たちは修行中で畑を耕すことはできませんから、「私は修行しています。ご飯を恵んでください」と近隣の村を回って托鉢をします。そのときに、ご飯だけではなくてお金をくれる人もいるんです。だけどブッダはお金をもらえとは言っていません。托鉢とはご飯をもらうためのものだという教えを大事にする人たちが上座部、でもお金をもらったらお寺も建てられますよ、という人たちが大衆部です。この論争で勝ったのは、上座部です。やっぱりブッダに近いほうが勝つんですね。「ブッダは、お金をもらってこいなんて言っていない」という上座部の主張に、大衆部はうまく反論できませんでした。それで上座部が残りました。

先ほどお話ししたように、出稼ぎのために地方から都市に来た人たちは、ヒンドゥー教の信者です。数でいうとブルジョワジーより庶民のほうが多いので仏教は劣勢になります。当時、上座部を中心とした仏教の中でも危機感を覚える人たちが出てきました。このままではヒンドゥー教に信者を持っていかれてしまう。どうしよう？　そこで始めたのが、経典の創作です。経典は、ブッダが言ったことを書き留めたことになっていますが、その頃にはブッダの死後、だいたい四、五〇〇年経っており、何を言っていたかはっきりしない。そういう状況で経典をたくさんつくったのが、いま日本でよく知られている大乗仏教です。

華厳系は、毘盧遮那《びるしやな》仏という宇宙を支配する仏が、菩薩を従えてみんなを救ってくれるのだという経典を書いたグループ。法華系は、理想国家をつくってみんなが幸せに暮らせるようにしようと、南無妙法蓮華経という経典を書いた。浄土系は、南無阿弥陀仏と唱えれば、誰でも救われるとしました。

こうしてそれぞれが好き勝手に経典を書き始めたのです。この人たちは、上座部仏教は人数の少ないブルジョワジーを救うものだから、小さい乗り物、小乗と揶揄し、自分たちは大衆を救うのだから大乗仏教と名乗ります。正統派を自認する上座部の人たちは、ブッダはそんなことを言っていないのだから大乗仏教は仏教ではない、大乗非仏教だといって非難して大論争になりました。それでどちらが人気を獲得したかというと、大乗仏教でした。やっぱりシンプルなほうが強いのです。南無妙法蓮華経や南無阿弥陀仏と唱えれば救われる、というのはわかりやすいでしょう。これは「シヴァ神万歳」でいいんですよ、としたヒンドゥー教と同じでとてもシンプルです。

ヒンドゥー教の影響を受けた仏教

大乗仏教は仏様もたくさんつくりました。もともとバラモン教には、一二の神様がいたんです。ヒンドゥー教ではそのうちの三神、シヴァ神とヴィシュヌ神、それからブラフマー神を祀《まつ》りました。だけど仏教にはブッダしかいない。これでは勝てない、となる。そこで西方の極楽浄土は阿弥陀如来が、東方の浄瑠璃世界は薬師如来が治めている。全世界は毘盧遮那仏でと、仏様をたくさんつくるのです。このときつくった仏様の中には、ヒンドゥー教の神様の影響を受けたものもあります。その代表的なものが観世音菩薩です。観世音菩薩は、千手観音や十一面観音、馬頭観音などに変化します。姿を変えるのはヒンドゥー教のヴィシュヌ神の特徴で、そのアイデアを借りたのです。

仏像もヒンドゥー教の影響を受けてつくられ始めたのではないかという説がありま

す。これまで仏像は、ギリシャ彫刻の影響を受けてガンダーラで生まれたと考えられていたのですが、調査によって、同じ時期にクシャーナ王朝が支配していたガンジス川のほとりのマトゥラーという町でも仏像がつくられていたことがわかりました。マトゥラーではヒンドゥー教のシヴァ神の土像がたくさんつくられていましたから、それを見た大乗仏教の人たちも仏像をつくるようになったということです。最近では、ガンダーラよりもマトゥラーでつくられたほうが早いとする説が有力になっています。

仏教、インドを飛び出す

さらに大乗仏教は布教活動にも力を注ぎます。意欲のある人たちはいい教えだからほかの人にも伝えたいと考えるんです。一世紀頃にインドを飛び出して中央アジアに足を延ばしました。これが第一波です。インドの北側にはヒマラヤ山脈がありますから、インドを出るには、今のパキスタンの北にあるカイバル峠を越えて中央アジアに出ます。これはアレクサンドロスがインドに向かうときに通った峠です。そこからシルクロードを通って中国へ入りました。ところがこのときは、あまりうまく布教できませんでした。この頃から気候が寒冷化して、世界中で凶作に陥り、人口も激減したのです。

同じ頃、ユーラシア大陸の北のほうに住んでいた遊牧民は、寒冷化のため南下を始めました。中央部を北から南へ下がると天山山脈に突き当たります。遊牧民は、羊や馬と一緒に移動していますから、険しい山脈を越えるのは大変です。そうすると、選択肢は東に行くか、西に行くかとなる。東、つまり中国のほうへ向かった遊牧民たちがそれぞれの部族国家をつくった時代が五胡十六国です。このとき、西に向かった人たちの移動は、ゲルマン民族の大移動と呼ばれています。ただし正確に言うと、ゲルマン民族ではありませんが、その話はここでは省略します。

仏教が流行れば〝ゼネコン〟が儲かる!?

遊牧民がやってきた中国はどうなったか。移動してきた遊牧民は喧嘩が強いんです。勝てないと飯が食えないですから必死で戦う。もともとその土地で農業をしていた人たちはそんな相手に勝てません。そこで土地を遊牧民に譲って、南に逃げました。移動してきた遊牧民たちも多種多様で対立が絶えず、五胡十六国の時代は争いを繰り返していました。その中で最後に勝ったのが鮮卑《せんぴ》拓跋《たくばつ》部で、北魏という国をつくって統一します。

西でも同じようなことが起きました。ローマ帝国は西を捨てて東へ逃げます。そこでも遊牧民同士の争いが起こり、勝ったフランク族がつくったのがフランク王国です。彼らは武力で領土を奪い、「俺が王様だ。文句あるか?」で済みました。当時その地では文明が進んでいなかったからです。

ところが、中国は文明国でした。易姓革命という王朝交代の理論まで用意されています。皇帝は、天、つまり神様の命令を受けて地上を治めていて、天はずっと見張っているわけですから、皇帝が悪いことをしたら注意を喚起するために、嵐を吹かせたり大雨を降らせたりするのだ、と考えていたんです。人々が飢えたとしてもそれは気候のせいで、皇帝が一所懸命になってもよくならないのですが、易姓革命の理論では、よくならないのは皇帝のせいだから新しい立派な皇帝に替えよう、となる。天の命令だから、農民は蜂起します。これが易姓革命で、天命が改まり皇帝の姓が変わるのだ、という理屈です。文化国家では、単にケンカに勝ったから王様になるのだというのは通用しません。

そこで鮮卑拓跋部は悩みました。力ずくで王様にはなったけれど、なぜなれたのかという理屈が必要になった。北魏の第四代皇帝、文成帝《ぶんせいてい》は華厳経の教えが易姓革命に対抗できることを知ります。どんな教えかというと、皇帝は毘盧遮那仏という仏の生まれ変わりで、中国の人民は救いを求める衆生である。そして官僚や軍隊は人々を救うことによって仏になろうとする菩薩だ、というものです。

これはブッダの教えとは異なる、きわめて鎮護国家色の強い理論でした。つまり仏教は国を護るものであり、菩薩の助けを得た皇帝が、仏の力で国を鎮めて護るのだと。

これで支配の理屈が整いました。こうして仏教は北魏の国の教えとなったのです。北魏の都（大同）の郊外にある雲崗《うんこう》の石窟寺院にある石仏の顔はすべて、北魏の皇帝をモデルにしていると言われています。

どこの国でも何か新しいものが入ってくると、取り入れようという革新的な人と、そんなものはいらないという保守的な人とに分かれます。仏教も紆余曲折はありましたが、しっかりと根を下ろすことができたのは、仏教が教えだけではなく技術や知識、産業をともなっていたからです。

仏教はお寺をつくって仏様を安置します。信者が集まって拝む場所が必要だからです。つまりゼネコンがとても喜ぶわけです。仏教を信じれば、お寺や仏像をつくる仕事が山ほど来るのですから、反対するわけがない。仏像や寺院をつくるために必要な技術もついてきます。こうした国家仏教の流れは、拓跋王国の隋、唐にも引き継がれました。まさに仏教王国です。鎮護国家という理論は、君主にとってものすごく都合のいいものだったんです。

日本の寺院の武力と権力

日本に仏教が伝来したのは、六世紀です。このとき、蘇我氏と物部氏が対等に争っていたように書かれていますが、仏教を取り入れようとした蘇我氏の圧勝です。蘇我氏につけば仕事にありつけるのだとしたら、多くの人は蘇我氏の側にいきます。奈良時代の政権は、鎮護国家の理論を取り入れました。仏教は国を護るもので、仏教によって社会はよくなるという教えです。奈良時代の東大寺の大仏は、華厳宗の毘盧遮那仏です。

国家が宗教を保護すれば、宗教にはお金が貯まるようになります。これは全世界共通です。信者が寄付すればお金が集まるわけで、仏教もそうでした。

外から敵がやってきたら、食料や武器を蓄えている役所のようなところはすぐにやられてしまいますが、寺院のお金を奪われそうになると、「これは仏様のお金です。奪うなら罰が当たることを覚悟しなさい」と言うことができる。「たたるぞ」と脅されたら誰だって怯《ひる》みますから、後回しになる。だから集めたお金が奪われることが少ない。もちろんそうはいっても丸腰ではいられません。お金が貯まって領土も持つようになった寺院は武力が欲しくなります。この時代、興福寺は武力を持っており、国も仕切っていました。天台宗や真言宗もひとつの権力をつくっていましたが、武力を持っていたのはそれを守るためです。

中世は権門体制の時代と言われるように、天皇家の権力と貴族の権力、武士の権力、そしてお寺の権力が併存していました。源頼朝が守護、地頭を置くようになったときも、奈良に守護がいなかったのは、寺院がその役割を果たしていたからです。ローマ教皇がピピンの寄進で領地をもらって教皇軍という軍隊をつくったのも同じ理由です。

国家仏教から大衆仏教へ

その後、中国の皇帝がどうしたか。財政が苦しくなると寺院を弾圧して税金を取り立てるようになります。異なる時代の四人の皇帝によって大きな排仏運動が四回起きました。これが仏教弾圧事件として有名な三武一宗《さんぶいっそう》の法難です。

これは西洋も同じで、ローマ皇帝は、イコノクラスム（聖像破壊運動）で教会にあった金品を取り上げましたし、イングランドではヘンリー八世が同じことをしました。第４章でもお話しした通り、英国国教会は、離婚したかったヘンリー八世が離婚を禁じているローマ教会を離れるためにつくったとされていますが、そうではなく、教会の財産を自分のものにしたかったのです。自分が贅沢をしたかったからでしょう。

中国の仏教界は、繰り返し弾圧を受けていくうちに、皇帝の庇護はハイリスクハイリターンであると悟ります。国家が豊かなときはたくさん寄付をしてくれるけれど、財政が苦しくなったら全部取り上げられる。そこで「皇帝から一〇〇億円もらうよりも、信者一人から一万円ずつもらった方が弾圧されへん。細く長く集めた方が得や」と考えて、国家仏教から大衆仏教に切り替えようという流れが唐の時代に生まれます。

当時、中国では活版印刷、木版技術が進歩していたので、アジビラのようなものをつくることができました。アジビラに難しいことは書けないので、仏様の絵の横に「これが阿弥陀さんです。南無阿弥陀仏と言って拝んだら極楽浄土に行けるで」とした。こうしてシンプルな浄土教の教えはどんどん広がりを見せました。

ところがインテリの人たちは、そういう簡単なことには惹かれません。「南無阿弥陀仏と言うだけで救われるなんて、そんな子どもだましの話、誰が信じるか」とそっぽを向くのです。いつの時代もインテリの人たちはひねくれています。こういう人たちを煙《けむ》に巻くには訳のわからないことを言うのが一番いいんです。庭の石を指差して「どんな意味があるのか」と聞かれると、普通の人は「ただの石でしょ」で終わるのですが、インテリの人たちは深遠な問いだと考えて、瞑想を始めた。これが禅だと考えてください。

中国の仏教が大衆化していく過程で、庶民向けの浄土教と、インテリ向けの禅が流行った。そしてこれが鎌倉時代、日本に入ってくるのです。

インテリはヒソヒソ話にも弱い

インドの仏教はどうなったかというと、大乗仏教はヒンドゥー教を真似ましたが、「南無阿弥陀仏」と「シヴァ神万歳」のどちらが強いかといえば、やっぱり真似した方が負けるんです。どちらもシンプルであったら、先にあった「シヴァ神万歳」の方が強い。結局、大乗仏教はインドに根を下ろすことはできませんでした。そこでどう考えたか。「そもそも自分たちは大衆の宗教ではなかったんだ。都市の富裕層、インテリ層に向けた宗教に戻ろう」となります。

インテリは訳のわからない話だけではなく、ヒソヒソ話にも弱いんです。「あなただけに尊い教えを授けましょう」と言われたら喜びます。わかりますよね。お釈迦様の大事な話をこっそり聞かせてあげます、というのが密教です。そこで新しい経典をまた勝手に書き始めました。それが七世紀の頃です。

この密教をつくった人たちも意欲に溢《あふ》れていますから、布教のためにインドから中央アジアを通って中国に向かおうとしました。ところが八世紀くらいになると中央アジアは全部イスラム圏になっていました。イスラム圏は偶像禁止ですから、仏様の絵を持ってお前だけに大事な教えを授けよう、と言ったら大体、捕まるか追い返されるかです。

そこでヒマラヤ山脈を越えてチベットに向かった人たちがいました。そこでラマ教とも呼ばれるチベット仏教は、密教になります。チベット仏教はさらにモンゴル、満洲へと入ります。これが仏教の第二波です。モンゴルと満洲、満洲族、女真族は婚姻関係にあって、満洲という地名も密教の文殊菩薩から来ています。文殊がなまって満洲になったんです。つまり中国ではまず大乗仏教が広まって、そのあと七世紀になって密教がチベット、モンゴル、満洲を経由して広まりました。だからいま北京にあるお寺はほとんどが密教系です。

その後、一二、三世紀になると、今のミャンマーの地に国ができ始めます。パガン朝です。新しい国をつくった人たちは新しいことをやりたがります。会社でも新しい社長は、前の社長を否定して新しいことをしようとしますよね。それが人間の心情なので、ミャンマーをつくった人たちは、これまでと違う新しい仏教を取り入れました。

スリランカに根を張っていた上座部仏教を取り入れるのです。それがミャンマー、タイ、ラオス、カンボジアと広がっていきました。これが第三波です。仏教の伝播の歴史で一番古い上座部仏教が最後に広がったんです。つまりこれが一番新しい。これが仏教の大きな流れです。

政治センス抜群の空海

最澄と空海が同じ遣唐使船で中国に渡ったのは八〇四年でした。平安京に遷都したのは、平城京の仏教勢力から遠ざかろうとしたことも理由のひとつですが、一方で新政権は、新しい仏教を必要としていました。その担い手となったのが最澄と空海です。

最澄は帰国後、比叡山で天台宗を開きます。都の守りは北東が重要だという方位の考え方が中国から伝わっていて、比叡山は京の都の北東にあるとても重要な土地でした。最澄は中国に行く前からすでに高い地位にあったので、そこを任されたのです。

空海は最澄と比べると身分は低かったのですが、政治センスが抜群でした。桓武天皇の死後、息子の平城《へいぜい》天皇は、病気だから天皇なんかやってられないと奈良へ引っ込んで、弟の嵯峨天皇に地位を譲ったのですが、そのあと元気になったので、やっぱり自分が政治をやると言い出しました。当然、弟の嵯峨天皇は不安になります。

空海は、そんな嵯峨天皇のところにすっと参上して、「大丈夫です。仏様に伺ったら、あなたが勝ちます」と耳打ちするのです。嵯峨天皇は元気が出てお兄さんをやっつけました。それが平城太上天皇の変（薬子《くすこ》の変）で、嵯峨天皇は喜んで空海に「どこでも好きな場所をやるからお寺をつくりなさい」と言います。

そこから空海はのし上がるのです。比叡山という一等地はすでに最澄に押さえられていますから、京都の周囲にお寺をつくっても勝てるはずがない。だけど和歌山県の山奥にある高野山なら、あまりにも離れているので、対抗できるはずや。そう思い、高野山で真言宗を開きました。でもそれだけでは京都の足場がないので、東寺ももらいました。空海は政商ならぬ〝政僧〟だったのです。

日本に浄土教が到来

さて、いよいよ親鸞の話につながります。

日本に浄土教と禅が入ってきたのは、鎌倉時代だという話をしました。これは平清盛が、宋との貿易を始めたことと関係しています。一〇世紀、宋には北からキタイ（契丹）や金が入ってきたので、宋の人たちは長江の南へ逃げて南宋となりますが、遊牧民はどんどん領土を拡大して、南宋も滅ぼされそうになります。

その頃、中国に根を張っていた禅の臨済宗や曹洞宗、浄土系の僧侶たちはあまり大事にされません。彼らはどう考えたか。

「いきなり攻めてきたけど、彼らはラマ教というチベット経由の宗教を信じているから、活動しにくくなってきた。東の方にある日本という国に行ったら、先進国から来た人として大事にしてくれそうや。昔そういえば鑑真という人がえらい大事にしてもらったという話もあったな。そんなら行ってみよか……」

宋と日本は交流がありましたから、こうした国際情勢の中で新しい禅や浄土系仏教の僧侶が日本に入ってきたのです。

日本の僧侶は、最澄が開いた比叡山で修行するのが定番でした。比叡山の延暦寺は最澄の弟子たちが、最澄の死後に発展させた寺です。ここは仏教の東大だと考えてください。空海が開いた真言宗の高野山も立派ですが、東大はやっぱり比叡山。仏教を学びたい僧侶のほとんどは比叡山で修行しています。だけど天台宗は、朝廷の庇護を受けていたことから少しずつ硬直化していたのでしょう。それを物足りないと思う人々が、新しい教えに飛びついたのです。法然も親鸞も比叡山で修行しましたが、東大の学問は、官僚的で飽き足りない。だからもっと新しいものを勉強しようとして、浄土系の仏教を学んだのです。二人にはそういうセンスがあったと考えたらわかりやすいかもしれません。そうして法然は浄土宗、弟子の親鸞は浄土真宗を開きます。

親鸞を有名にした弟子たち

今回の講義で取り上げる『歎異抄』に書かれている親鸞の教えは、「阿弥陀如来という偉い人が救ってくれるのだから徹底的に任せなさい」というシンプルなものです。悪いことをしていても、いいことをしていてもみんな救われるのだから、何も考えないで、すがったらええで、と。わかりやすいでしょう。

昨日ちょっと悪いことをしました。救われるでしょうか、と悩まなくていいわけです。それが浄土真宗です。

親鸞は、「自分の教えなんか何もない。中国で浄土教をつくった善導さんや日本で法然上人が言ったことを繰り返しているだけだ」と自ら述べる通り、教えそのものは唐の時代に善導《ぜんどう》というお坊さんが唱えたことです。日本にも浄土の教えは古くから入ってきてはいて、宇治の平等院鳳凰堂も阿弥陀仏です。それがひとつの宗派としてまとまるのは、法然という天才が浄土宗を開祖したからで、親鸞はそれを引き継いでいます。親鸞が特別、革新的だったわけではないのです。

それではなぜ親鸞がここまで有名になったのか。それは、弟子の唯円がこの『歎異抄』をつくったからです。第2章の『ソクラテスの弁明』の講義でもお話ししたように、やっぱり本を書くと残るんですね。親鸞の場合も後継者たちが、「親鸞はすごいで」と本の宣伝をしました。だから親鸞が歴史に名前を残せたのは、後継者のおかげです。立派な後継者を持った人は有名になります。孔子もそうでしたね。

当時の唐は「シリコンバレー」だった

先ほどお話ししたように、禅や浄土の教えが生まれたのは唐の時代です。この時代はすごく豊かでした。武則天《ぶそくてん》という天才的な女性が現れて政治がとても安定しました。さらに孫の玄宗《げんそう》が即位して「開元《かいげん》の治《ち》」と呼ばれる平和な時代が続きました。長安の春とも呼ばれています。当時、唐は国際都市で世界中から人が集まっていたので、今でいうとシリコンバレーみたいなものでしょうか。気候がよくて、文化が発達して、余裕もあった。だからいろいろなアイデアがたくさん生まれました。これは「知の爆発」（第2章）といわれたBC五〇〇年頃とよく似ています。詩人の李白《りはく》や杜甫《とほ》もこの時代の人です。文化が爛熟したり天才が一気に現れるのは、偶然もありますが、やっぱり時代背景も大きいんですね。不景気でご飯を食べるのにも汲々としていたら文化なんか生まれない。唐という時代にはサイエンス的な思考も出てきて、「茶経《ちゃきょう》」という茶をテーマにした最古の書物も生まれました。

日本の美術では奈良時代の仏像の評価が高いのですが、奈良時代は人がバタバタと飢え死にするような時代でした。それでもこの時代の仏像が素晴らしいのは、唐の影響を受けたからです。禅や浄土の教えにはこうした時代背景があります。

鎌倉新仏教と階級史観

日本で鎌倉時代に生まれたとされる仏教は、禅の曹洞宗や臨済宗、浄土系の浄土宗、浄土真宗、さらに日蓮が開いた法華宗で、これらは鎌倉新仏教と呼ばれています。ところがこれらの新仏教が広まるのは戦国時代になってからです。鎌倉時代は、まだ奈良時代からの南都六宗と、最澄の天台宗、空海の真言宗という密教系の教えが圧倒的に強かったことがほぼ定説になっています。浄土真宗が大きくなったのも戦国時代で、石山本願寺が信長に対抗できるくらいの力を持ちました。だからこれらの仏教は、今では鎌倉新仏教ではなく、戦国新仏教という学者が多くなっています。

なぜ鎌倉新仏教と言われるようになったかというと、これはカール・マルクスの階級史観の影響です。第4章でもお話ししたように、階級史観は、歴史は階級間の争いでつくられていて、古い階級が倒され新しい階級が生まれるという考え方です。だから世の中はどんどんよくなる、というものすごくきれいな理論です。ヘーゲルの考え方をなぞって歴史は進歩するという考え方ですから、頑張ればよくなる、人間は進歩しているという考え方につながります。とてもわかりやすいんです。だから階級史観には根強いファンがいます。鎌倉時代に当てはめてみましょうか。

まず、平安時代は貴族が京都で贅沢な暮らしをしていて、人民は貧困に喘《あえ》いでいたという設定にする。そして、鎌倉時代になると、地方の豪族が少しずつお金を貯めて武士になって、軟弱な貴族を打ち負かして、歴史は次の段階に進んだ。それが武家政権だと考えたら理解しやすいでしょう？　だから軟弱で優美で豪華絢爛な平安文化に対して、質実剛健な武士の文化が鎌倉時代に起こった。階級史観にあわせた解釈はこうなります。

ところが第4章でも少し触れましたが、よく調べてみると、武家の棟梁であった源氏の源実朝が編纂した金槐和歌集は、それほどたくましくはなくて、ものすごく優美な平安文化そのものだとわかります。これが「ファクト」なんです。武士についても田舎の豪族が武士になったのではなく、京都で生まれたという説が有力になっています。京都の王家や貴族たちの用心棒として誕生したというのです。

日本ではマルクスの階級史観にあまりにも影響された歴史家がいたので、鎌倉時代と平安時代の間に断絶をつける考え方が戦後に一世を風靡したのですが、今では連続性を見る流れがものすごく強くなっています。

最後は少し話がそれましたが、これで大体の仏教の流れと『歎異抄』が生まれてきた背景を理解してもらえたのではないかと思います。ぜひ『歎異抄』も手にとって読んでみてください。

出口治明さんが選ぶ「あわせて読みたい」ブックガイド

並川孝儀
『『スッタニパータ』仏教最古の世界　書物誕生　あたらしい古典入門』
岩波書店

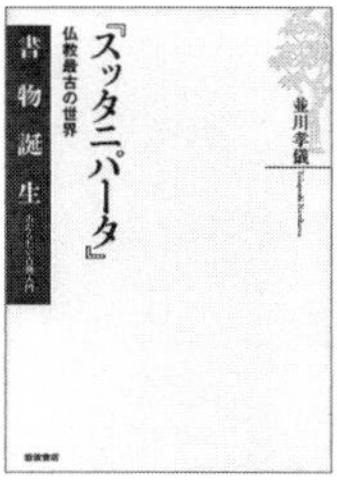

ゴータマ・ブッダ（釈尊）の死後に彼の教えをまとめた経典のうち、現存する最も古いものとされる『スッタニパータ』は、どのような時代のどういう状況のもとで書かれ、伝えられてきたのか。著者はインドで仏教とジャイナ教が、ともにバラモン教と対峙する形で成立したことやジャイナ教との教義の違い、ブッダの存在そのものにも迫る。さらに輪廻や無我、涅槃などの思想についても触れながら、仏教最初期の教えと、その背景にあるものを解き明かしていく。

これは『スッタニパータ』そのものの解説というよりは、生まれた時代背景や、読み方を教えてくれる本です。ゴータマ・ブッダとはどういう人で、どう考えたのかということも書かれています。この本を読んで面白いと思ったら、『スッタニパータ』を読めばいいのです。それが一番勉強になります。

中村元、早島鏡正、紀野一義＝訳注
『浄土三部経　(上)無量寿経』
『浄土三部経　(下)観無量寿経・阿弥陀経』
岩波文庫

浄土教の基本となる三つの経典『無量寿経』『観無量寿経』『阿弥陀経』を現代語訳したもの。これらは三世紀半ばから五世紀半ばにかけて書かれたもので、中央アジアから中国、日本へと流布したと推定される。訳者はサンスクリット原典に加え、漢訳やチベット訳を参照し、さらに学者らの研究結果にもとづいて翻訳した。日本では、『観無量寿経』は浄土宗、『無量寿経』は浄土真宗、『阿弥陀経』は時宗と特に関わりが強い。

浄土系（浄土宗、浄土真宗、融通念仏宗、時宗）の代表的なお経がこの三つで、おそらく漢文で書かれたものが、日本に入ってきたのでしょう。法然、親鸞の教えのベースになっているお経です。

末木文美士
『日本宗教史』
岩波新書

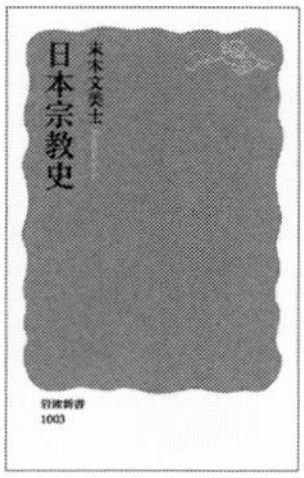

日本で、宗教はどのような形で根付いてきたのか。遺跡からは、縄文時代から何らかの宗教行為がなされていたことが判明している。著者は『古事記』や『日本書紀』に記された神話は、少なからず仏教の影響を受けているとし、中世における仏教の誕生と広がり、定着していく過程、仏教と伊勢神道との関係、さらに近世のキリスト教の伝来とその影響を解説。仏教が葬式仏教として根付いた経緯や儒教が宗教として果たした役割についても詳述する。さらに靖国問題やオウム真理教事件まで、日本における宗教のあり方を概観できる一冊。

仏教はインドで生まれて中国で発展して日本に入ってきました。この本には日本の宗教の歴史を古代までたどり、仏教がどのように受け入れられ、どのような位置付けになったか。神道や古来の神々との関係はどうだったかについて書いてあります。日本の宗教の流れを理解するのにとても役に立つ本です。

鈴木大拙
『日本的霊性　完全版』
角川ソフィア文庫

古代の日本人に深刻な宗教意識はなかったと指摘する著者は、日本的霊性の根源にあるのは仏教で、日本人が霊性に目覚めたのは鎌倉時代であると述べる。その根幹をなすのが禅と浄土系思想であり、禅については金剛経を、浄土系思想については法然、親鸞をもとに考察。インドで生まれ、中国を経由して日本に入ってきた仏教が、いかに日本人の生活の中に入り込んだかを読み解いていく。

この本に書いてあるのは、日本人とは何か、日本的な考え方とは何かということで、著者は浄土的な教えと、禅的な教えが骨格になっていて、日本人を形づくっていると説しています。禅宗という宗派はないですし、曹洞宗と臨済宗の人たちは、自分たちはまったく別の教えだと主張しますが、禅的な教えが日本人に影響しているのはその通りでしょう。

鎌倉時代の話なので、それ以前の縄文時代から平安時代まではどこに行ったんだという話もあるかもしれませんが、日本人とは何かと考えるときにこの本を読むとすごく面白いと思います。

中島岳志
『親鸞と日本主義』
新潮選書

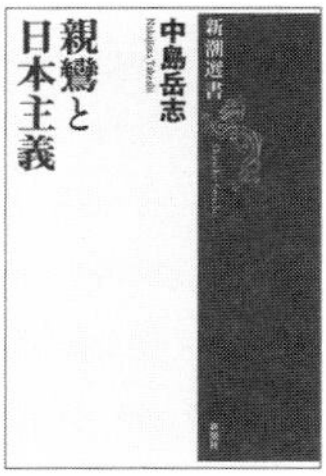

大正から昭和初期にかけて日本では親鸞ブームが起きたが、「宿業」「絶対他力」「自然法爾」といった思想は右翼や国粋主義者に取り込まれていった。なぜそのようなことが起きたのか。著者は、その時期に活躍した亀井勝一郎や吉川英治ら思想家、作家らを取り上げ、彼らが親鸞を自らの思想にどのように取り込み、表現したかを詳述する。

天皇の絶対化を唱えた雑誌『原理日本』の創刊メンバーの多くは親鸞の信奉者だった。著者は、メンバーが説いた、祖国のために民族的生活を精一杯生きることこそ、絶対他力の救いを獲得する道だとする言葉が自力の限界を感じる者にとって心地よく響いた様子を伝える。文芸評論家の亀井勝一郎も阿弥陀如来の「他力」を天皇の「大御心」と読み替え、国民は「私」を捨て、すべてを大御心に委ねるあり方こそ絶対他力の実現とし、「念ずる心」が兵士たちの私心滅却の精神を支えた。「信仰」と「愛国」の危険な関係がよくわかる。

日本の宗教でよく問題になるのは、第二次世界大戦と宗教の関係です。この本は、親鸞の教えが、近現代の日本でどのように利用され変質され、ある意味では権力に使われたのかという視点から書いてあります。先に紹介した『日本的霊性』の現代版と言ってもいいかもしれません。

質疑応答　教えて！ 出口さん

質問1

「悪いことをしても救われる」「自分でやらなくても他力本願でいい」という教えによって気持ちがラクになるのはわかるのですが、それでいいとしたら世の中大変なことになるのではないでしょうか。会社もそういう人ばかりだと成り立たないのではないかと心配です。

出口

これはキリスト教でいえば、カルヴァンの予定説に近いです。「人間は生まれる前から天国へ行く人と地獄へ行く人は決まっている」というのが予定説です。そういう教えだったら、ぼくは、天国へ行けるならズルしてラクな人生を送る方がええなと考えるのですが、カルヴァンの予定説を信じる人はそうではなくて、天国に行くのが決まっているなら、頑張って働こうと考えるのです。

マックス・ヴェーバーが『プロテスタンティズムの倫理と資本主義の精神』にも書いていますが、彼らはめちゃよく働きます。自分たちは神様に選ばれているのだから、頑張らんとあかんと勝手に思って働くのです。人間の心理って不思議で、どうせ救われるなら、ちょっと悪いこととしてもいいだろうという人より、こんな自分でも救ってくれるならこれからはいいことをしようと思う人の方が多い。だから不思議ですが、歴史を見る限りは、どうせ救われるのだからもっと悪いことをしようという人は少数派だと思います。

質問2

『歎異抄』を読んでみたのですが、親鸞の教えは、「あまり考えすぎず、日々、目の前のことを頑張れよ」ということかなと思いました。一方で、教えられたことを疑え、批判的であれというのが学問ですよね。この二つの関係をどう考えればいいでしょうか。

出口

それは簡単です。世の中のほとんどの人はサイエンス思考で生きています。二十世紀に入って、哲学も宗教も元気がなくなるのはいろんなことが「わかってきた」からです。人間はどこから来てどこへ行くのかがわからない時代は、哲学や宗教の腕の振るいどころだったのです。たとえばトマス・アクィナスは、神様の存在を理論的に証明しましたが、現代ではもう答えはわかっていますよね。人間は星のかけらからできていて、ホモ・サピエンスは二十万年前に生まれました。そして人間は死んだらまた星のかけらに戻っていく。そういうふうに謎が減っていくと、哲学や宗教の必要性も低くなるのです。

ただ、人間って精神が弱い動物なので、病気になったら治したいと思って、神社に行ったりします。病気や死、別れなどがあれば誰かに頼りたくなります。それが人間の心情なんです。人間にとって、信じるということはすごく大事なこと。だから哲学や宗教も消えることはないだろうと思いますが、サイエンスの領域がどんどん大きくなるほどに、哲学や宗教の領域は小さくなっていった。

面白いのは、今、生き残っている宗教は大体サイエンスと折り合いをつけているところです。サイエンスを否定する宗教は生き残れない。

イスラム教のシーア派は、ムハンマドの娘婿のアリーとその子孫のフサイン一族が代々継いでいることになっていますが、最後のイマーム（正統な指導者）は、十世紀の前にお隠れになっているのです。これをガイバ（幽隠）というのですが、世を儚《はかな》んで隠れてしまった。だから隠れている間は立派なお坊さんが代わって世を治めるというロジックです。だから今のイランの政治体制は、シーア派の教義通りです。

それでもイマームは、いつかは出てくるはずです。お隠れになっているだけですから。それをイランの高校の教科書でどう教えているかというと「だいたい人間の寿命は一〇〇歳ぐらいです」とサイエンスを認めています。「だけど昔の伝承ではアブラハムは何百歳まで生きたという記録もたくさんありますから、イマームは今も生きておられると考えるのはおかしいことではありません」と教えてサイエンスと折り合いをつけているのです。

だからサイエンスを無視した宗教は、恐らくアメリカの一部に残っている、キリスト教の原理主義だけです。この人たちのことは第1章でもお話ししましたが、進化論を紹介する博物館があったら閉鎖しろと言ったり、学校で進化論を教える先生はクビにしてくださいと言ったりしています。裁判では負け続けているのですが。

宗教はサイエンスと共存しなければいけませんね。ぼくは宗教を信じないので、すべてサイエンスです。

質問3 **仏教の歴史でいうと、織田信長が比叡山の延暦寺を焼き討ちした（一五七一年）のには、どういう背景があったのでしょうか。**

出口

信長はチンギス・カアンに似ています。朝倉氏、浅井氏と戦うとき、比叡山に味方してくれと頼んだら断られた。それで、お前たちは宗教家なのだから、あいつらの味方はせずに中立で通せと言ったのですが、おそらく当時の比叡山のトップが判断を間違えたんでしょう。どうせ朝倉・浅井が勝つに決まっているとそちらについたのです。信長は、それなら、ということで徹底的に焼き討ちしたのだと思います。

チンギス・カアンが率いたモンゴル軍も残虐だったといわれますが、そうではないのです。モンゴルは人口が少ないので、戦いに勝って大帝国をつくりたくても反抗されたらうまくいかない。だから「今から行くから城門を開いてくれ」とお願いして、「俺を主人と認めてくれたら税金もまけてやるし、今まで通りやってええで」と言っています。「その代わりに形だけ家来になって、上納金をちょっとよこせ。でも前の主人よりも安くするから」と。だから普通はみんな城門を開いた。

ところが中には「なに生意気、言ってんねん。お前らが勝つはずがないやないか。第一、チンギス・カアンなんて名前も知らん」と抵抗する者もいた。そういうときは、全兵力を挙げて皆殺しにしました。見せしめです。抵抗したところは骸骨の山ですが、言うことを聞けば平和に暮らしていけるということをわからせるためです。
二人とも、必要最小限の武力で、やるときは徹底的にやるという、選択と集中のセンスがあったのです。信長はよくキリスト教を優遇したと言われています。でも本質はそうではなくて、どの宗教でも「協力するか？」と聞いて、「はい」と言った宗教を大事にしたのです。だからものすごく賢い人ですよね。信長にはそういう発想ができる近代的なセンスがありました。信長が弾圧したのは一部の宗教です。

質問4
自分に煩悩がありすぎるので、親鸞に傾倒しそうになりました。こんな自分で大丈夫でしょうか。

出口
煩悩がない人間はいないので、煩悩がいっぱいあるのは、人間らしいと思えばいいでしょう。煩悩がないと、感動もしないのです。
煩悩のない生活って理想に見えるかもしれませんが、喜怒哀楽がない生活って味気ないですよ。ぼくにも煩悩がいっぱいあります。喜怒哀楽の総量が人間の人生を豊かにするんです。

たとえば、恋人にふられて落ち込んでマイナス一〇〇。新しい恋人ができるとプラス一〇〇。これをプラスマイナスゼロで傷が癒えたと考えるのですが、価値としては二〇〇です。

煩悩がいっぱいあってジェットコースターに乗っているようだからこそ人生は楽しい。だから山ほど煩悩があるということは、普通の人よりめちゃ豊かな人生を生きていると考えればいいんです。

Q **出口さんはいつもどんな時間にどんなふうに読書しますか?**

出口 ぼくが知っている人の中で一番たくさん本を読むのは、一橋大学の楠木建先生です。楠木先生は夜の予定は基本的に入れずに、6時に家に帰ったら12時に寝るまで6時間、寝転がって、せんべいをボリボリ食べながら、毎日2冊本を読むそうです。たぶん先生にとっては、寝転がってせんべいをかじりながら本を読むのが一番合っているんでしょう。
ぼくは椅子に座って、机に向かわないと読めないので、だいたい寝る前の1時間はそうやって本を読みます。そして眠たくなればベッドへ行って1分以内に寝る、と。あとは移動時間です。ぼくはほかに趣味がないので空いた時間は本を読むか、寝ているかですね。

Q **現代の本で、出口さんが古典になり得ると思う本を教えてください。**

出口 日本の作家の本の中で古典になってほしいし、間違いなくなると思うのは若桑みどり先生の『クアトロ・ラガッツィ　天正少年使節と世界帝国』(集英社)です。小説としてもよくできているし、しっかりと時代考証もされています。文章といい、テーマといい、中身といい、本当に素晴らしい本です。外国人の本では、ベネディクト・アンダーソンの『定本　想像の共同体　ナショナリズムの起源と流行』(書籍工房早山)です。産業革命と国民国家という2大イノベーションを経て、現在の国家は創られていますが、この本を読めば、現在の国家のそのカラクリがわかると思います。

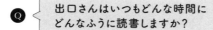

おわりに
――世界はつねに正しい方向に進んできた

ご存知の方も多いと思いますが、ぼくは二〇二一年の一月に脳出血を発症し、右半身の麻痺と失語症が残りました。

療養のため休職し、校務に復帰したのは一年後の二〇二二年一月です。

現在は別府に戻り、電動車椅子を使って仕事をしています。

こうした大きな変化があると、多くの人から「人生観が変わったのではありませんか？」と聞かれますが、僕自身は特に変化はありませんでした。

これまでと違うのは、電動車椅子を使うようになったこと、毎日、薬を飲むようになったこと、それからリハビリをするようになったことでしょうか。

不自由なのは仕方がない。

病気をする前も、今も、変わらずただ自分にできることに取り組んでいるだけです。

「意志が強いんですね」と言われますが、全然そんなことはありません。リハビリをさぼることもある（笑）。だいたいそんなに真面目な性格ではないんです。

怠け者は怠け者なりにやっています。

何事もぼちぼちでいいんです。

大好きな読書も楽しんでいます。

以前と同じように夜、寝る前が読書の時間です。

左手を大きく広げて人差し指と中指、薬指で本の背を支えて、親指でページをめくっています。

読書欲は旺盛ですが、読むスピードはこれまでよりも遅くなりました。

だいたい一週間に一冊くらいでしょうか。

ちょうど今読んでいるのは、『マルクス・アウレリウス『自省録』のローマ帝国』（岩波新書）という本です。京都大学名誉教授の南川高志さんによる本ですが、「ローマ皇帝として生きること」がどんなに難儀だったか、身に沁みてわかります。

そして本の執筆も続けています。いま佳境を迎えているのは『人類5000年史Ⅴ』（ちくま新書）です。ようやく一九世紀まで書き進めることができました。原稿はボールペンを使って左手で書いています。

ぼくが病に倒れたのは、パンデミックの真っ最中でした。その後ロシアとウクライナの対立も起きて、これから先はどうなるのかと悲観的になった人もいたのではないでしょうか。

人間のことも世界のこともこの先、どうなるかは予測がつきません。

だけどぼくは世界全体を見れば、歴史はずっと正しい方向に進んできたと思っています。

人口は今も増え続けているでしょう？　これは現在も正しい方向に進んでいるということです。

この先、どこの国にどんなリーダーが登場するのかはわかりません。それは運です。

だけどベストセラーになった『FACTFULNESS（ファクトフルネス）』（日経BP）にあったように、意見の対立はあっても、世界は分断ではなく協調に向かっています。

だからぼくは古典を読み続けるのです。

みなさんも、予測できない事態に備えるのであれば、古典を読むのが一番です。

ケーススタディになりますから。

今、ぼくたちができる最善の策だと思います。

この本が生まれるにあたっては、ライターの今泉愛子さんの大きなサポートがありました。また、光文社の樋口健さんのご提案により、全5回の講義をベースにして、一冊の本にまとまりました。古典新訳文庫創刊編集長の駒井稔さん（現・ひとり出版社「駒井組」代表）には企画スタート時に、光文社の髙橋恒星さん、濵﨑優子さんには講義運営時にご協力をいただきました。実際の書籍化にあたっては、ＡＰＵの関係者も支えてくれました。

そして何より、毎回、古典新訳文庫のテキストを読み込んで、講義にお越しいただき、鋭い質問をしてくださった受講生のみなさんにあらためて深く感謝いたします。

みなさんのおかげです。

本当にありがとうございます。

ご意見やご感想があれば、ぜひ、

hal.deguchi.d@gmail.com

までメールをお寄せください。

二〇二三年　二月

立命館アジア太平洋大学（ＡＰＵ）学長

出口治明

出口治明 でぐち はるあき

立命館アジア太平洋大学（APU）学長。1948年、三重県美杉村生まれ。京都大学法学部卒業後、1972年、日本生命保険相互会社入社。企画部や財務企画部にて経営企画を担当する。ロンドン現地法人社長、国際業務部長などを経て2006年退職。

同年、ネットライフ企画株式会社を設立し、代表取締役社長に就任。2008年4月、生命保険業免許取得に伴いライフネット生命保険株式会社に社名を変更。2012年、上場。社長、会長を10年務めた後、2018年より現職。読んだ本は1万冊超。

おもな著書に『生命保険入門 新版』（岩波書店）、『全世界史』（上・下、新潮文庫）、『一気読み世界史』（日経BP）、『自分の頭で考える日本の論点』（幻冬舎新書）、『教養は児童書で学べ』（光文社新書）、『人類5000年史』（I〜IV、ちくま新書）、『0から学ぶ「日本史」講義』シリーズ（文春文庫）、『日本の伸びしろ』（文春新書）、『哲学と宗教全史』（ダイヤモンド社）、『復活への底力』（講談社現代新書）、『「捨てる」思考法』（毎日新聞出版）など多数。

※本書は、2018年10月9日、11月8日、12月18日、2019年1月22日、2月28日に行った連続講義「古典を読めば、世界がわかる」をもとにしたものです。

ぼくは古典《こてん》を読《よ》み続《つづ》ける
珠玉《しゅぎょく》の5冊《さつ》を堪能《たんのう》する

2023年2月28日　初版第1刷発行

著者　出《で》口《ぐち》治《はる》明《あき》

装幀　西垂水 敦・松山千尋（krran）
装画　カシワイ
協力　今泉愛子
編集　樋口 健

発行者　三宅貴久
発行所　株式会社光文社
〒112-8011
東京都文京区音羽1-16-6
編集部　03-5395-8172
書籍販売部　03-5395-8116
業務部　03-5395-8125
メール　non@kobunsha.com
落丁本・乱丁本は業務部へご連絡くだされば、お取り替えいたします。
組版　堀内印刷
印刷所　堀内印刷
製本所　ナショナル製本

ISBN978-4-334-95361-4